成渝城市群经济一体化发展研究

Study on the Economic Integration of Chengdu-Chongqing Urban Agglomeration

刘 波 著

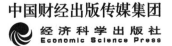

中国财经出版传媒集团

经济科学出版社
Economic Science Press

图书在版编目（CIP）数据

成渝城市群经济一体化发展研究／刘波著．—北京：
经济科学出版社，2022.3
ISBN 978 - 7 - 5218 - 3427 - 7

Ⅰ.①成… Ⅱ.①刘… Ⅲ.①城市群 - 区域经济一体
化 - 研究 - 成都 ②城市群 - 区域经济一体化 - 研究 - 重庆
Ⅳ.①F299. 277. 11 ②F299. 277. 19

中国版本图书馆 CIP 数据核字（2022）第 025902 号

责任编辑：吴　敏
责任校对：孙　晨
责任印制：范　艳

成渝城市群经济一体化发展研究

刘　波　著

经济科学出版社出版、发行　新华书店经销
社址：北京市海淀区阜成路甲 28 号　邮编：100142
总编部电话：010 - 88191217　发行部电话：010 - 88191522
网址：www. esp. com. cn
电子邮箱：esp@ esp. com. cn
天猫网店：经济科学出版社旗舰店
网址：http：//jjkxcbs. tmall. com
北京季蜂印刷有限公司印装
710×1000　16 开　12 印张　180000 字
2022 年 3 月第 1 版　2022 年 3 月第 1 次印刷
ISBN 978 - 7 - 5218 - 3427 - 7　定价：54. 00 元
（图书出现印装问题，本社负责调换。电话：010 - 88191510）
（版权所有　侵权必究　打击盗版　举报热线：010 - 88191661
QQ：2242791300　营销中心电话：010 - 88191537
电子邮箱：dbts@ esp. com. cn）

前　言

随着科技革命与产业变革持续深入推进，经济全球化和区域一体化加速发展是任何力量都无法阻挡与改变的历史性大趋势。经济活动趋向集聚，经济联系日益频繁且更加紧密，进而空间组织形态呈现出区域一体化发展格局。城市群、都市圈和中心城市作为城市化的高级空间形态，是区域经济高质量发展和区域经济一体化发展的主要载体。全球经济最发达的区域和世界经济的重心正是经济一体化程度最高的城市群，并且世界经济中心也因城市群和城市演变而经历了从英国到西欧、美国的转移。在全球区域一体化发展的背景下，我国区域经济发展模式逐步转变，各种跨区域合作组织快速发展，区域经济发展格局深刻调整。进入新时代，《国家新型城镇化规划》明确提出以城市群为主体形态推进新型城镇化，国家发展和改革委员会先后印发了关于长三角、京津冀、粤港澳等十余个城市群的发展规划。我国区域经济布局从"东中西"条状向以城市群为地域单元的块状加速转变，从省域行政区经济向城市群经济转变。城市群成为承载发展要素的主要空间形式，以及支撑全国经济增长、促进区域协调发展、参与国际竞争合作的重要平台①，主宰着国家高质量发展的命脉。2019 年京津冀、长三角、粤港澳、成渝和长江中游五大城市群集聚了超过全国 50% 的人口和 60% 的地区生产总值。

---

① 国家发展改革委关于培育发展现代化都市圈的指导意见［EB/OL］．（2019 - 02 - 21）．https：//www. ndrc. gov. cn/xwdt/ztzl/xxczhjs/ghzc/202012/t20201224_1260130. html？code = &state = 123.

中国共产党十九届五中全会明确提出，要加快构建双循环新发展格局，畅通国民经济循环，实现供需有效衔接，在客观上要求消除地方阻隔，加强区域资源整合和一体化发展，增强区际经济联系。推进城市群经济一体化发展是我国推动构建双循环新发展格局和优势互补高质量发展区域经济布局的新动力源。

成渝城市群历来具有重要的战略地位，长期以来肩负着引领西部地区发展的历史使命。2011年《成渝经济区区域规划》明确了成渝经济区是西部地区重要的经济中心这一战略定位。2014年9月国务院作出推进长江经济带发展战略部署，明确要求推进成渝城市群一体化发展。2016年《成渝城市群发展规划》明确提出成渝城市群是引领西部开发开放的国家级城市群。2020年中央财经委员会第六次会议提出要推动成渝地区双城经济圈建成高质量发展的重要增长极，打造内陆开放的战略高地，赋予了成渝城市群新的历史使命和战略定位。新时代推进西部大开发形成新格局，明确打造成渝城市群成为引领西部开放开发的核心引擎，支持川渝毗邻地区建立健全协同发展机制。西部陆海新通道建设，成渝城市群是新通道的起点，赋予了重庆、成都打造国际性综合交通枢纽功能的地位。随着成渝地区双城经济圈建设上升为国家战略，成渝地区打造具有全国影响力的重要经济中心，促进产业、人口及各类生产要素合理流动和高效集聚，在客观上要求成渝城市群牢固树立"一盘棋"思想和一体化发展理念。推进成渝城市群经济一体化发展，加快建成中国"第四极"，既是成渝地区融入双循环新发展格局、实现高质量发展的现实要求，又是新时代推进西部大开发形成新格局和长江经济带建成中国经济新支撑带的关键环节，还是构建我国优势互补高质量发展经济布局的客观需要。

然而，成渝城市群是典型的"双核"城市群，隶属于川渝两个省级行政区，行政区与经济区并不重合，各行政区存在不同利益诉求，各自为政和单打独斗发展的现象客观存在。此外，战略规划缺乏有效衔接、基础设施建设统筹不足、重点产业同质同构发展、区域竞争大于合作等导致城市群经济一体化发展面临"中部塌陷"、发展差距悬殊、产业结构雷同、环发矛盾突出、恶性竞争严重等诸多矛盾，严重阻碍了城市群经济一体化发展进程和整体实力提升。针对这些问题，国内外学术界，特别是川渝两地学者开展了大量研究。各级政府20多年来积极探索与不懈努力，通过编制发展规划、召开联席会议、签订战略协议、共建重点项目、制定区域政策等方式推进成渝城市群经济一体化发展。但是，成渝城市群经济一体化发展的实际效果与规划目标、社会预期之间仍存在不小的差距。

站在新的历史起点，成渝城市群肩负着打造带动全国高质量发展的重要增长极和新动力源的时代使命，迫切需要牢固树立一体化发展理念，对城市群一体化发展进行更加深入的思考和研究。以客观经济规律为基本遵循，以城市群和经济一体化发展相关理论为指导，系统梳理成渝城市群经济一体化发展历史脉络，剖析制约经济一体化发展的关键问题，从不同维度、不同层面探索经济一体化发展实现路径，建立稳定有序竞合长效机制，可以为成渝城市群经济一体化发展提供理论支撑和决策参考。

特别是伴随着新一代信息技术普遍应用和高速铁路、高速公路网络快速发展完善，城市间人流、物流和信息流更加便捷、频繁和紧密，经济发展模式由各个城市"单打独斗"加速向城市群一体化和同城化"携手共进"转变。城市群是我国区域经济最重要的空间组织形式，但各城市群所处发展阶段和面临的环境各不相同，因而结合各城市群发展实际，探究城市群经济一体化发展显得极其迫切且重要。成渝城市群经济一体化发展既是贯彻落实国家区域发展战略的重要任务，也是成渝地区加快建成高质量发展的重要增长极和新动力源的客观要求。以成渝城市群经济一体化发展为研究对象既是对区域经济学，特别是城市群相关理论在我国应用与发展的总结与丰富，又是对落实国家重大区域发展战略部署、推进成渝城市群经济一体化高质量发展的积极探索，具有重要的理论价值和现实意义。

本书以区域经济学、城市经济学等相关学科理论为指导，沿着"一般到具体、理论到实践"这一思路，以城市群经济一体化发展理论框架为逻辑起点，以"经济一体化发展"为主线，按照"城市群经济一体化是什么→成渝城市群经济一体化怎么样→从哪些方面推进成渝城市群经济一体化→如何保障成渝城市群经济一体化发展"这一研究逻辑逐步展开。城市群经济一体化发展，其实质是推进以城市群为地域空间单元的区域经济发展，其关键是消除城际经济阻碍和强化经济联系，其基础是发展要素自由流动和资源优化配置。在实证分析时，立足成渝城市群发展现状、比较优势和影响因素，结合成渝城市群建成西部地区高质量发展重要增长极和新动力源这一功能定位，从宏观层面空间一体化、中观层面产业一体化、微观层面区域市场一体化三个层次、三个维度探索推进成渝城市群经济一体化发展的实现路径。

全书按照"总—分—总"结构展开。第一部分包括第一章至第三章，基于对我国城市群经济一体化发展研究的重点和热点问题的探讨，以及相关概念辨析和理论基础梳理，探索构建成渝城市群经济一体化发展的理论框架，并分析了成渝城市群经济一体化发展的现状，形成进一步研究的理论和现实基础。第二部分包括第四章至第六章，是研究的重点和主体，着重从宏观层面优化发展格局与空间一体化、中观层面加强经济联系和产业一体化、微观层面优化资源配置和区域市场一体化三个层次、三个维度，展开对成渝城市群经济一体化发展实现路径和策略的研究。第三部分包括第七章，重点讨论如何破解行政区划与体制机制等关键制约，完善成渝城市群经济一体化发展制度机制保障。

围绕本书研究的重点问题，形成了以下主要结论：

第一，城市群经济一体化是城市群向高级阶段发展的必然产物，是城市群演进过程的高级形态，并因城市群持续发展而不断向更高级阶段动态演进。城市群经济一体化可界定为城市群内不同层级城市为了共同的经济利益，借助发达的交通通信网络和政府间紧密合作，逐步消除地理空间和政策制度等障碍，促使城市间商品与要素自由流动、产业分工协作、空间优化布局，实现城市群地域空间组织高度集中、产业关联高度紧密、区域市场高度融合和整体高质量发展的过程。城市群经济一体化发展，关键是要消除经济障碍。随着城市间经济障碍逐步消除，商品和各种资源要素将在城市群内自由流动和高效集聚，促进部分城市经济发展优势更加突出，培育出具有竞争力的优势产业部门，城市间形成竞争有序的产业分工合作关系，进而有比较优势的城市逐步发展成为中心城市，城市群发展格局和城市空间形态随之发生变化。同理，城市群内中心城市具有综合交通、规模经济、要素集聚和学习效应等优势，产业发展基础相对较好，能更好地与其他城市形成多种分工合作关系，具有更强的资源要素集聚能力。这种从要素配置到格局形成的相互作用的过程使城市群经济一体化发展呈现出三大层次性：从宏观层面看，经济区域协同发展，实现空间格局优化；从中观层面看，城市间分工合作，实现城际经济联系持续加强；从微观层面看，商品与要素等各种"流"更加频繁和高效集聚，实现资源优化配置。

第二，按照从思想到行动、到保障，逐步深化认知的逻辑，探索性地提出城市群经济一体化发展的主要内容包括战略取向相同、空间格局协调、产业分工协作、区域市场构建、制度机制协同五个维度。其中，战略取向相同，实现战略一体化，在城市群内达成战略共识和一致意图，形成经济一体化的战略设计和管理规制，为城市群经济一体化发展提供思想基础和顶层设计。通过协调空间格局推进实现空间一体化，城市群内各城市要素的空间分布优化和相互作用，形成一体化的空间结构和组织形态，是城市群经济一体化发展的外在表征和重要载体。通过产业分工协作推进实现产业一体化，城市群内具有比较优势的产业在城市间有序分工与合作，促使产业结构合理化、产业基础高级化和产业链现代化，是城市群经济一体化发展的核心内容。通过构建区域市场推进实现市场一体化，促进城市群率先畅通国民经济循环，各种生产要素和商品在城市间自由流动，实现资源优化配置，形成城市群经济一体化发展的基础。通过协同机制推进实现制度一体化，促进各城市规范制度和协调政策，消除城市间人为因素形成的体制机制障碍，是城市群经济一体化发展的重要保障。空间一体化、产业一体化和市场一体化三者相互联系、相互促进，共同构成城市群经济一体化发展的主体内容，其实现又依赖于战略一体化的导向作用和制度一体化的保障作用。在此基础上，从战略取向、空间格局、产业发展、区域市场、机制协同五个方面构建城市群经济一体化发展的研究框架。

第三，以战略取向一体化为指导，政府与社会各界积极探索打破行政区划与体制机制障碍，特别是国家层面对成渝地区发展作出一系列部署，成渝城市群经济一体化发展不断取得阶段性成果，是研究和推进成渝城市群经济一体化发展的现实基础。城市群经济一体化演进过程大致经历"准备一体化、局部一体化、加速一体化、一体化成熟和持续完善"等不同发展阶段。目前，成渝城市群经济一体化正逐步进入相对成熟稳定发展状态，但与长三角、京津冀等主要城市群相比，其经济一体化发展起步晚、经济发展水平相对滞后以及发展定位与目标任务间存在差异，这在客观上要求成渝城市群经济一体化统筹提速增效，选择差别化的实现路径。从成渝城市群经济一体化发展实践看，空间一体化发展能力强于产业一体化发展能力，市场一体化发展能力最弱，各城市经济一体化发展能力整体不强且城际差异较大，成都和重庆处于绝对领先优势地位，具有最强的经济一体化发展倾向和能力，在成渝城市群经济一体化发展中具有支撑和引领作用。城市群经济一体化发展是一个复杂的动态过程，受共性因素和不同发展阶段、空间尺度和规模等级城市群的特有个性因素的共同作用，其中交通通道与空间距离、中心城市集聚与扩散作用、经济发展差距与同质竞争、区域开放市场体系、府际合作机制是影响成渝城市群经济一体化发展的主要因素。

第四，城市群空间格局既是城市群经济发展呈现的状态与结构，又反过来决定着城市群的经济功能与经济效率。通过对城市群空间格局演化影响因素、成渝城市群空间组织特征、成渝城市群空间相互作用及空间布局的分析，清晰刻画出成渝城市群"双核"引领、都市圈相对成熟、"中部塌陷"的典型"中心—外围"非均衡发展空间结构，各种"流"日渐频繁，要素仍处于集聚阶段且布局较稳定。形成适应成渝城市群经济一体化发展和整体功能提升的城市空间新格局，需要统筹解决好"双核"引领与"中部塌陷"问题，应通过提升"双核"发展能级和增强引领带动作用，积极培育壮大次级经济中心，增强现代化都市圈辐射能力和强化重庆、成都都市圈互动，促进川东北、渝东北、川南、渝西等毗邻地区一体化发展，统筹大中小城市和县城发展，形成梯次发展格局，强化城际经济联系，逐步调节城市等级结构、网络结构和功能分工，构建成渝城市群疏密有致、集约高效的空间新格局。

第五，成渝城市群产业发展基础相对较好，要素资源丰富，科技创新基础好，产业体系较为健全，拥有电子信息、机械制造、汽车、食品饮料等多个具有全国优势的行业，部分产业还具有全球影响力，产业集群发展效应开始显现。同时，由于产业发展资源、政策和市场等要素禀赋相似度高，经济发展阶段和发展水平接近，区域间存在着相似的供给与需求结构，进而形成相似的生产函数，川渝两地产业同构发展和相似程度达到较高水平，在一定程度上阻碍了城市群内产业合理的分工合作。产业集群和产业链是城市群产业一体化发展的重要组织形式和有效载体。推进成渝城市群产业一体化发展，可以通过培育重点产业集群，把具有比较优势的城市间同类及关联产业集聚起来，加强城市间相同产业不同行业或细分领域的"水平"分工；借助城际战略产业链，把分散布局在不同城市的同类产业不同环节组织起来，强化优势培育和产业链上下游的"垂直"分工；再按照各城市职能与比较优势，对各城市产业发展进行"点状"转型调整，从不同层次、不同维度来推进实现。

第六，逐步消除市场分割，建设成渝城市群一体化区域市场，按照市场规律和价值规律促进商品和要素的自由流动和合理聚集，实现城市群内商品和要素的优化配置、高效配置，是推动成渝城市群经济一体化发展与推动发展动力变革的必要条件和重要保障。当前，成渝城市群区域市场一体化处于政府和市场以及其他社会组织协同推进阶段。研究表明，成渝城市群区域市场呈现出在调整过程中不断整合趋向一体化的态势，但地方保护主义和市场分割仍存在；商品市场、资本要素和劳动力三大市场具有相似变动趋势，资本要素市场一体化程度最优，劳动力市场分割程度显著高于商品和资本要素市场，区域市场分割仍然存在，在一定程度上制约着城市群经济发展。推进成渝城市群经济一体化发展，必须发挥市场的资源配置决定性作用，适应商品和要素自由流动及资源优化配置需要，着力清除市场壁垒，率先推进重点市场一体化，逐步构建成渝城市群一体化的区域市场。

第七，城市群经济一体化发展需要基础支撑力、内部聚散力、外部推拉力等多种动力共同作用，由市场、政府和社会组织等不同主体共同实践。成渝城市群是典型的"双核"跨区域城市群，选择和构建适合当前经济一体化发展阶段与需要的机制安排，构建行之有效、因地制宜的运行机制来保障和协调各方经济利益是消除行政区块分割障碍、促进区域深度紧密合作的迫切需要。基于城市群整体利益最大化和利益共享原则，成渝城市群经济一体化发展机制建设需要重点围绕建立一体化的法律法规、加强一体化的组织与管理、构建城际利益分配共享机制等，形成成渝城市群内政府、市场及组织等有效合作，以及高效运行的制度保障和行为规范。

关于成渝城市群经济一体化发展，还有许多值得深入研究的问题。囿于个人能力，对成渝城市群实际情况的全面、准确、动态认知还不够，在城市群经济绿色发展、高质量发展与共同富裕、发展模式创新、与其他城市群协同发展等诸多方面还有待深入和细化。2021 年 10 月，中共中央、国务院印发《成渝地区双城经济圈建设规划纲要》，为深入研究成渝城市群经济一体化提供了新的起点，也为未来进一步深化研究指明了方向。

目　　录

第一章 我国城市群经济一体化发展的重点问题

数千年来，城市经济发展带给人类不尽的繁荣和梦想，成为世界各地人口活动、财富集聚和创造文明的主要空间。相对于悠久的城市发展史，城市群的形成与发展史相对短暂，但其发展速度却极其迅猛。半个多世纪以来，城市群如雨后春笋般崛起，集聚了全世界大量人口与最主要的经济活动，成为承载发展要素的主要空间形态，甚至主宰着国家或地区的经济社会发展。适应城市密集连绵发展，城市间经济联系持续加强，城市群经济一体化成为全球城市群发展的主流趋势。同时，对城市群的研究不再停留于概念辨析、标准界定及对形成机制的探索，而是更加关注城市群功能和城市密切联系机制，城市群经济一体化发展的相关研究不断走向更深层次。为促进区域协调发展，推动形成优势互补高质量发展的区域经济布局，成渝城市群一体化发展上升为国家战略，受到前所未有的关注，成为我国城市群研究的重点和热点。

第一节 城市群的研究脉络

城市群是城市化高级阶段的组织形式和空间形态。伴随着城市化进程中城市空间形态的不断演变和全球范围内城市群的加速发展，有关城市群的认识和研究也不断深化。英国学者霍华德（Howard，1898）最早从城市关系视角研究城市发展。他在《明日的田园城市》一书中提出倡导"城乡一体"，通过"田园城市模式"来解决大城市拥挤和污染问题①。格迪斯（Geddens，1915）在《进化的城市》一书中预见性地提出"集合城市"等城市演化形态。1957

---

① 埃比尼泽·霍华德. 明日的田园城市［M］. 金经元，译. 北京：商务印书馆，2000.

年法国地理学者戈特曼（J. Gottmann）对美国东海岸地区从波士顿到华盛顿特区的城市密集连绵发展现象进行研究后首次提出大都市连绵带（Megalopolis）概念。自此，多个城市空间集聚形成城市群的问题逐渐受到国内外学者关注，特别是随着经济全球化和区域经济一体化迅速发展，城市群成为学术界研究的重点。

一、城市群的概念与界定标准

戈特曼提出并界定大都市连绵带是城市发展到成熟、高级阶段的空间组织形式，是在地域上集中分布的若干城市和特大城市集聚而成的庞大的、多核心、多层次城市集团，是大都市区联合体（Gottman，1961）。之后，众多学者从不同研究视角界定与研究了城市集中发展现象，先后提出了诸多概念（如Mega-Urban Regions、World Cities、Network Cities、Megaregion、Metropolitan Area、City-Region、Mega Region、Extended Metropolitan Regions 等），用以表征不同范围和标准的城市化空间组织。20 世纪 80 年代，戈特曼大都市连绵带理论被引入我国，国内学者采用如巨大城市带、都市连绵区、大都市连绵区、大都市区、大都会区、城镇密集群、都市圈、城市经济圈、都市密集区等不同概念来描述城市集聚发展空间形态。这些概念均描述了一定地域范围内一系列规模不等、职能各异、相互联系的城市组成的有机整体，与城市群概念具有某些相同或相似的特征。但由于不同概念形成的背景、研究的视角、关注的重点甚至提出者的学科背景等并不完全相同，因而各概念间仍存在明显的区别，相关概念并不完全等同城市群，更不能混用。近年来学术界对经济区、经济圈、经济带、大湾区、都市圈等类似概念和城市经济形态实践也进行了不少研究。

国内学者宋家泰（1980）最早提出"城市群"概念。他认为不能孤立地看待城市，城市与周围区域的关系是城市发展的经济基础，多中心的城市区域是"城市群"。此后，学者们从不同视角对城市群的内涵进行探讨，但迄今尚无统一定义。主要有两种观点：部分学者基于经济地理、城市规划视角，侧重于城市群的地理区域内涵，强调城市群的等级规模体系、空间结构、职能分工与网络系统结构；部分学者更加强调城市群的经济学内涵，侧重将城市群作为经济区域概念，强调城市间、城市与区域间的集聚与扩散及一体化发展。

直到 1992 年姚士谋等的专著《中国城市群》出版，其对城市群概念的内涵界定得到了国内较为普遍的认同。他提出，城市群是特定的地域范围内具有相当数量的不同性质、类型和等级规模的城市，依托一定的自然环境条件，以一个或者两个超大或特大都市作为地区经济的核心，借助于现代化的交通工具和综合运输网的通达性以及高度发达的信息网络，发生与发展城市个体之间的内在联系，共同构成一个相对完整的城市"集合体"（姚士谋，2006）。许学强、周一星、宁越敏（2009）对上述定义做了进一步完善，认为上述城市群概念没有界定指标，缺乏空间尺度的内涵，同时赋予城市群的英文译名为"Urban Agglomeration"，实际上是指大都市区内的城镇集聚体。

随着城市群规划建设进入新时期，姚士谋等（2015）提出应重新认知城市群基本概念，应根据不同类型地区的城市群进行科学合理分析论证，特别要重视城市群内客观发展规律性问题，以及结合信息技术、大数据和城乡一体化问题，探索我国城市群的发育趋势。在中心城市作用更加突出和都市圈建设快速发展的背景下，方创琳（2018）认为城市群是特定地域范围内，以一个超大或特大城市为核心，由至少三个以上都市圈（区）或大城市为基本构成单元，依托发达的交通通信等基础设施网络所形成的空间组织紧凑、经济联系紧密并最终实现高度一体化的城市集合体。

综合来看，本书认为城市群是在特定的地域空间内，大量不同等级密集布局，以超大、特大城市或辐射带动能力强的大城市为核心，依托完善的现代化基础设施网络，城市间优势互补、分工协作、协同融合，发生和发展广泛而密切的经济联系，旨在实现高度经济一体化的城市集聚形态和利益共同体。

按照戈德曼（1957）的界定标准，大都市连绵带的人口规模超过 2500 万，人口密度达到 250 人/平方千米，至少集聚一国 15%～20% 的人口。我国学者周一星（1988）、姚士谋（1992）、代合治（1998）、宁越敏（1998）、胡序威（1998）和方创琳（2015）等都提出了不同的界定标准。然而，迄今学术界关于城市群空间范围和界定标准的争论尚无统一认识，主要是因为：城市群受自然地理、经济基础、发展阶段等多种因素影响，具有多重特征属性，需要多个维度指标进行界定，同时城市群处于动态演变发展中，增大了统一界定标准的难度。随着城市群发展实践不断丰富和相关研究逐步深化，城市群界定标准对城市群发展的指导和实践价值相对弱化。因而，近年来关于城市群概念和标准界定的研究文献也相应减少。

二、城市群的形成与发展机制

国内外学者基于不同视角，对城市群的形成与发展过程进行研究，提出了差异化的多元解释，且呈现出明显的阶段性特征。在早期阶段，促进城际交流合作、增强经济联系对城市群的形成和发展至关重要，因而非常注重交通等基础设施在城市群形成与发展过程中的支撑作用。周一星（1991）认为，两个以上大城市、重要的港口、对外口岸和沿主要交通线路密集分布的中小城市是都市连绵区形成的条件。高汝熹（1998）认为，优越的区位条件，尤其是门户位置能起到国内国外双向吸引和辐射作用，因而现代化基础设施是城市群经济有效运行的前提。薛东前（2000）基于对关中城市群的考察，认为历史基础和区位条件是城市群兴起的前提。随着大批城市群形成并逐步发展成熟，对城市群演变影响因素的关注转移到经济要素、要素集聚与扩散及中心城市等方面。江曼琦（2001）认为聚集效应是城市空间结构演变的重要机制。张学良（2014）认为集聚不经济导致要素和产业从中心城市向低梯度城市扩散，从而产生新的经济中心，形成区域的经济中心体系。

城市群由多个城市组成，不同城市政府的发展取向、发展战略并不完全相同，因而城市政府行为对城市群的形成和发展具有重要影响。我国城市群发展过程中，受行政分割和"财政分灶"制约，协同发展存在诸多障碍（陈耀等，2016），政策制度和机制改革的作用更加突出。方创琳等（2012）认为中国城市群形成发育带有强烈的政府主导性。苏雪串（2004）认为城市群的形成和发展需要建立包括产业协调、区域协调、核心辐射和分工合作在内的一整套机制。王建廷（2015）指出，区域内部恶性竞争明显、缺乏科学合理的区域协同发展合作机制严重制约了京津冀的可持续发展，区域经济增长、区域空间结构演化、区域辐射能力提升是实现京津冀协同发展的关键。

进入21世纪，城市群发展过程涉及内容更加多元、城际经济关系更加复杂，推进城市群发展演化的动力随之转化。部分学者研究创新的重要性，如孙胤社（2004）。部分学者倾向从多维度探索城市群发展机制，如庞晶（2009）

总结指出集聚与扩散、分工与专业化、工业化和城市化、创新网络是城市群形成发展的动力机制。姚士谋（2017）总结了21世纪我国城市群区内各城市的演变规律和重要机制、五个超大城市群的重要特征，提出我国城市群发展的主要创新理念。王浩（2017）等从要素配置、交通联结、中心城市集散、空间分异、政府合作五个方面探讨了淮海城市群协同发展的动力机制。孙丹、欧向军（2018）发现技术利用低效与创新缓慢是城市群经济增长动力效率低的主导因素，规模结构不合理是制约因素。

三、城市群的功能作用与发展趋势

城市群发展的核心问题是资源在空间维度实现优化配置，更好发挥城市群的功能作用，提升区域整体竞争力。早在20世纪70年代，国外学者就开始关注城市群效率问题，如梅拉（Mera，1973）。随着我国城市群快速发展，学术界对城市群作用的认识也不断深化。陆大道（2008）指出长三角、珠三角和京津冀三大城市群已经具备逐步建设成为对世界经济有明显影响的全球性城市群的条件。方创琳（2014）认为，城市群是中国新型城镇化的"主体区"和国家经济发展的"核心区"，决定着国家新型城镇化的未来。林细细等（2018）发现，城市经济圈建设给中心城市带来显著增长效应，经济圈"外溢效应"大于"虹吸效应"，对外围城市具有正向作用，圈内各城市经济增长有明显的收敛趋势。刘士林（2018）指出，城市群是改革开放40年我国工业化、城市化和现代化发展进程在空间上的最突出和集中的体现，建议未来城市群发展战略布局应规划建设以满足人民群众的人文、生态和优质生活质量需求为发展目标的"文化型城市群"。2019年国家发展和改革委员会发布《关于培育发展现代化都市圈的指导意见》，明确了城市群是新型城镇化主体形态，是支撑全国经济增长、促进区域协调发展、参与国际竞争合作的重要平台。中央财经委员会第五次会议指出，应促进各类要素合理流动和高效集聚，增强中心城市和城市群等经济发展优势区域的经济和人口承载能力。由此，城市群功能作用已不能再从单一视角进行认知，而是涉及经济、社会、生态、文化等各方面的复杂地域空间系统。

随着城市群逐步向高级阶段发展，城市群内部各行政区域、行业领域、市场主体之间存在的分割与壁垒阻碍着要素的自由流动和资源的优化配置，城市群一体化发展和城市群协同耦合问题日渐凸显。2014年2月习近平总书记在北京考察时提出推动京津冀协同发展。2014年9月国务院印发《关于依托黄金水道推动长江经济带发展的指导意见》，明确提出促进长江三角洲一体化发展和促进成渝城市群一体化发展。此后，协同发展和一体化发展成为城市群研究的新热点。不难发现，协同发展与一体化发展彼此紧密联系，但二者的理论基础、适用条件和应用对象不同，因而是两个不同的概念。毛汉英（2017）认为区域协同发展是区域一体化的前期阶段，但方创琳（2017）指出京津冀城市群协同发展的突破口在于推动交通、生态环境和产业一体化。可见，对于城市群协同发展和城市群一体化发展，在理论研究上尚未形成统一认识。围绕城市群协同发展，学术界重点探讨京津冀城市群协同发展的全局战略意义（周京奎，2016）、理论基础与规律性（方创琳，2017）、城市群功能定位（陆大道，2015）、现状与对策（程恩富，2015）等，此外对长三角城市群、成渝城市群、中原城市群、淮海城市群等协同发展也有不少研究。从协同发展内容看，研究主要是围绕城市群产业协同发展、产业—人口—空间协同、产城协同、经济与环境协同、协同创新、协同治理等方面开展。

第二节　城市群经济一体化发展的关键问题

城市群经济一体化是当前区域经济学重大理论前沿问题之一。从理论溯源看，德国学者克里斯塔勒（Christaller，1933）和勒施（Lösch，1940）的中心地理论最早蕴含着城市群经济一体化发展的思想。戈德曼（Gottmann，1957）最早提出并研究了大都市连绵区（Megalopolis）现象，之后又对城市群社会、文化、生态方面一体化进行了研究，将城市群研究拓展到城市群一体化领域（Gottmann，1990）。

一、对城市群经济一体化内涵的探讨

一种观点认为，城市群经济一体化是经济一体化发展的动态过程。丁伯根（TinBergen，1954）和我国学者安虎森（2007）指出，经济一体化是消除阻碍经济有效运行的人为因素，实现经济合作与统一的过程实质是提高区

际贸易自由度，促进产品、要素等自由流动，实现资源的优化配置的过程。特里芬（Triffin，1954）认为经济一体化是要素市场、产品和服务市场的大集成过程。另一种观点强调，城市群经济一体化是静态结果。林德特（Lindert，1961）认为经济一体化是通过共同的商品和生产要素市场，达到生产要素价格均等。罗布森（Robson，1984）提出，经济一体化本质是消除货物与生产要素自由流动的一切障碍以及歧视，最大限度地提高资源利用效率。更多学者综合了这两种观点。巴拉萨（Balassa，1961）定义经济一体化为"既是一个过程，又是一种状态"，过程指旨在消除差别待遇的种种举措，状态则表现为各种形式差别待遇的消失。陈建军（2005）界定区域经济一体化是区域整体化趋势增强的过程和状态。也有学者回避过程或状态的区别。查尔斯托斯基（Chelstowski，1972）指出经济一体化本质是劳动分工。纪韶等（2013）认为城市群一体化协调发展的核心是分工与协作，强调资源的整合与城市的协作程度。

　　尽管学者从不同角度对城市群经济一体化概念进行了界定，但至今尚无统一表述。林森（2012）认为，城市群经济一体化是各城市为了共同的经济利益，彼此加强协调合作，实现有效分工协作，促进城市群的共同发展和繁荣，实现市场和政策统一的持续、动态的过程。赵勇、白永秀（2008）认为，城市群一体化是经济主体基于区域选择，实现区域市场一体化、城市功能一体化和城市间利益协同化，从而最终实现区域一体化。金世斌（2017）认为，城市群一体化是城市群内各城市以发达的交通通信等基础设施网络为依托，通过资源共享、功能互补、治理协同、制度统一，形成一种经济联系紧密、城际分工协作、空间组织紧凑的区域经济社会发展格局。李琳（2019）认为，城市群一体化是城市间借助城际发达的交通通信等基础设施网络和群内政府间的协作，促使商品、劳动力、资本、技术、信息等要素在各城市间自由流动，以及通过群内产业部门结构和空间结构的演化，形成城市群市场高度融合、产业关联高度紧密、地域空间组织高度集中的一种状态。

二、城市群经济一体化发展路径

　　国内学者对城市群经济一体化发展模式与路径也有相当丰富的研究。侯天琛（2006）从形态、产业、交通和生态角度对中原城市群一体化发展进行布局，提出中原城市群"一核心两中心四圈层众三角"空间布局模式，空间一体化与产业互动一体化"双重一体化"是提高城市群区域经济系统组织能力和经济实力的有效策略。孙久文（2015）指出区域经济一体化一般经历贸易、要素、政策、完全四个一体化发展阶段。姚士谋等（2011）认为我国应实施产业布局、城乡规划、基础设施、公共服务和市场运作五个高度一体化发展战略。方创琳（2015）认为城市群是高度一体化和同城化的城市群体，重点要推进区域产业、基础设施、区域市场、城乡统筹、生态环境、社会保障体系六个方面的一体化。刘耀彬（2107）提出，城市群一体化主要包含市场、产业分工、基础设施、城乡统筹、生态环境、社会发展与保障六大要素的一体化，并对对长江中游城市群一体化演进格局进行了测度。秦尊文（2015）提出从空间开发、基础设施、产业发展、生态文明建设、社会公共服务、对内对外开放六个方面加快长江中游城市群一体化发展的政策建议。李琳（2019）以市场一体化、产业一体化、空间一体化为主线，研究长江中游城市群一体化发展模式与机制。陆大道（2015）根据北京、天津和河北的特点、优势以及符合国家战略利益原则，提出京津冀城市群及北京、天津、河北的功能定位，进而研究了京津冀城市群一体化发展目标与任务。郭将（2019）指出，城市群经济一体化不能忽视协调发展，高质量一体化程度应循着交通、市场、产业、空间经济一体化，阶段性地深化。

三、城市群经济一体化发展评价

经济一体化程度评价是城市群经济一体化研究的基础与重要内容。方创琳等（2007）分别选取指标构建了基于产业、空间和交通的城市群紧凑程度综合测度方法。吕典玮等（2010）从市场一体化、产业一体化和空间一体化三个维度对京津冀一体化整合程度进行了实证研究。孙久文（2012）从区域经济联系、产业分工度、产品市场和要素市场一体化等方面研究了京津冀经济一体化进程。李雪松等（2013）从市场、行政与社会方面评价长江中游城市群一体化。蒲丽娟（2013）构建了基础设施、产业布局、区域市场、城乡建设、环境保护与生态建设五个方面的城市圈经济一体化评价指标体系。刘士林等（2016）设置了人口、经济、生活、文化和首位比五个方面指标，测算我国九大城市群发展指数。宋迎昌（2015）构建了经济、公共服务、基础设施、生态环境和空间五个方面的指标，测度我国 18 个城市群的一体化程度。鉴于城市群市场一体化的重要性，不少文献评价了城市群市场一体化发展程度，如陈甬军（2017）测度发现，京津冀市场一体化程度在调整中不断提升，商品市场一体化长期稳定在较高水平，要素市场一体化程度低且波动幅度大，是京津冀市场一体化的难点。李琳（2017）对长三角和中三角城市群市场一体化进行了测度与比较，发现两大城市群市场一体化水平均呈上升趋势，但中三角城市群市场一体化水平和进程均滞后于长三角城市群，地方保护主义、经济外向度和交通基础设施是影响两大城市群市场一体化的共同因素。

四、城市群经济一体化发展机制

魏后凯（2005）指出，在推进一体化过程中，政府与市场的作用如何分工，中央与地方间以及区域间、城市间如何分工协作，大都市圈或经济圈城市间的分工协作和利益协调机制问题在中国显得尤其突出。陈建军（2005）认为，长三角经济一体化在改革开放初期主要依靠外力推动，但第三阶段的一体化更依赖于内生因素。吴传清等（2005）认为，促进我国城市圈一体化发展，需要建立行政协调、利益共享、产业转移、制度一体化和市场一体化等重要机制。姚士谋等（2011）认为信息网络化、产业集群化与基础设施一体化是城市群完善的新动力和新机制。鞠立新（2010）提出我国城市群一体化协调体制建设应探索多种有效模式。王国刚（2014）指出，城市群的内在机制是各城镇间经济社会生活的紧密程度，要形成有内在密切关联的经济社会生活城镇群。汪后继等（2011）认为长三角经济一体化的最大障碍在于制度不统一，联合治理和政策一体化是解决此障碍的唯一且合适的方式。韩佳（2008）认为经济一体化发展中涉及制度合作的重大问题需要政府适当干预协调，强化政府横向联合。孙友银（2014）指出，政府推动力、企业推动力、市场吸引力、外部环境推动力四力驱动是长三角城市群一体化发展的主要动力。黄征学（2018）提出，顺应新一代信息技术和各类市场融合发展的新趋势，推进长三角市场一体化应通过"线上""线下"协同互动、"五链"融合发展、事中事后监管协调推进、各级政府和社会组织联动发展。

第三节　成渝城市群经济一体化发展相关探讨

通过中国知网、万方和维普等数据库查询发现，关于成渝研究的期刊论文始于1986年，随着成渝经济区、成渝城市群相关规划的出台，成渝经济区及成渝城市群的研究文献数量迅速增多，但持续深入研究的文献数量较少，缺乏具有高认可度的文章。2020年成渝地区双城经济圈建设上升为国家战略，再度成为学界的研究热点（钟海燕，2020）。

一、成渝城市群的战略地位

成渝城市群山水相连、同源同脉，历来经济往来密切。成渝城市群经济一体化发展既是城市群发展历史的延续，顺应了城市群发展大趋势，也是破解我国区域经济发展非均衡格局和培育新兴增长极的时代所需，其战略意义来源于成渝城市群的特殊地位和作用。

巴蜀文明兴起于夏商时期。三国时川渝同属蜀地益州。自隋唐以来，巴蜀大地多属于整体的行政区划单元。抗战时期，川渝为国统区大后方主要区域。新中国成立后，又是"三线"建设核心区，成都、重庆、绵阳、德阳、自贡等大批城市均为工业重镇并实现了历史性发展。进入21世纪，成渝地区成为西部大开发的重点区域，国务院自2000年来先后三次出台的推进西部大开发的意见均明确将成渝地区作为重点区域。

从长江经济带的发展看，成渝地区同处长江上游，山水相依，具有较为相似的自然地理条件。邓玲（2002）界定成渝地区是长江上游地区的核心，是最容易形成经济增长极的优势区位。肖金成（2013）认为成渝经济区是长江上游经济区的支撑，担负着引领我国西南地区腾飞的重任。《国务院关于依托黄金水道推进长江经济带发展的指导意见》明确了成渝城市群是长江经济带上游跨区域城市群，具有新型城镇化主体地位，其战略定位为现代产业基地、西部地区重要经济中心和长江上游开放高地。按照"共抓大保护，不搞大开发"发展方针，成渝地区是构建长江上游生态屏障的核心区和主战场。这些文献充分肯定了成渝城市群在长江上游地区的重要地位。

从全国来看，成渝城市群在全国城市群的发展中扮演着重要角色（孟祥林，2015）。林凌、刘世庆（2006）指出，成渝经济区在全国区域分工和空间布局中扮演着"五个基地、一个屏障"和带动西部发展的重要角色。易小光（2011）强调，成渝城市群在东中西地区协调发展方面的作用并不亚于长三角、珠三角和环渤海地区三大增长极[①]。2020年1月中央财经委员会第六次会议指出，推动成渝地区双城经济圈建设有利于在西部形成高质量发展的重要增长极。2020年10月《成渝地区双城经济圈建设规划纲要》进一步明确了成渝地区的功能定位和奋斗目标，强调要形成有实力、有特色的双城经济圈，打造带动全国高质量发展的重要增长极和新的动力源。由此，成渝地区双城经济圈建设上升为国家重大区域发展战略，标志着建设中国第四极的历史序幕正式拉开。

二、成渝城市群城镇发展

李忆春、黄炳康（1999）最早提出应加强重庆、成都建设和重视大城市的发展。李斌（2012）认为成渝城市体系的主要问题是特大城市相对缺乏，提出要培育新的特大城市，完善城市体系层级结构。近年来，成渝城市群城市化进程加快。刘世庆等（2013）指出成渝经济区已进入城镇化加速发展中期阶段，首位城市进入中后期阶段，建议针对城镇化不同阶段确定政策重点和政策组合。王振坡（2018）利用城市首位度、齐普夫法则及城市位序"等级钟"等方法刻画城市规模演进特征。研究发现，成渝城市群属于双核首位分布型城市规模分布，大城市聚集效应逐渐增强，城市群内城镇化水平差距较大。魏洪斌、吴克宁（2015）指出，成渝城市群城镇化发展的协调度存在空间分布差异，应以内涵发展为主，加强以人为核心的新型城镇化建设。李剑波、涂建军（2018）从人口、土地、经济、生态、社会五大要素协调推进视角考察成渝城市群新型城镇化，发现2005～2014年成渝城市群新型城镇化综合发展水平不断上升，经济城镇化与人口城镇化发展是影响成渝城市群城镇化水平提升的主要动力。

---

① 廖雪梅. 成渝经济区发展上升为国家战略 [N]. 重庆日报，2011 - 3 - 3（A2）.

三、成渝城市群产业发展

成渝城市群产业发展相关研究较多，主要集中在四个方面。一是关于产业结构的讨论，主要结论包括成渝城市群产业结构优化度不高，如张海霞（2012）的研究；产业结构存在趋同现象，如罗若愚（2013）的研究；产业结构对经济增长贡献有所下降，如谢洪军、李颖（2015）的研究。二是围绕产业体系构建的讨论，如钱霞等（2012）研究认为成渝经济区具备构建现代产业体系的良好基础，邓丽（2012）进一步研究了成渝经济区构建现代产业体系的实现路径。三是关于产业分工与协作的讨论，如刘朝明（2006）认为成渝经济区产业发展面临的主要问题是按照一体化分工协作原则进行"同轨"整合，之后他提出成渝经济区工业部门应跨行政区域合作协整，实现协调发展（刘朝明，2007）。刘道明（2008）指出，成渝产业缺乏统筹规划和协调发展，导致一体化进程放慢。黄森（2012）发现，川渝间存在重叠优势制造业情况，资源重复利用和过度消耗，削弱了社会福利指数。邹璇（2014）针对成渝城市群产业结构同质化导致多重问题的现象，建议采取横向分层和纵向一体化路径，通过地区间产业合理分工和产业配套协作来推进产业统筹发展。四是关于未来产业发展重点的选择，如刘士林（2018）基于长江经济带三大城市群经济产业的比较，指出成渝城市群则应重点发展交通成本不敏感性产业，坚持"1×1"的城市群发展态势，加快发展重庆、成都两大中心城市，扩大成都、重庆都市圈，打造成渝横轴。

四、成渝城市群空间协调

李后强、韩毅（2009）提出"椭圆理论"构想，建设以成都和重庆为双核的椭圆经济区。涂建军（2018）等对成渝城市群空间结构的"点、线、面"要素特征进行刻画，得到包括三级中心城市体系、"3－7－4"三个等级空间轴线网络的空间格局总体形态，并指出成渝经济区正在经历从行政经济向区域经济过渡的关键阶段。潘碧麟等（2019）基于新浪微博用户签到地理位置数据，进一步解释成渝城市群呈现出"双核多中心"的组团特征，微博人口流动方向受行政区划影响，流动的强度呈现等级差异，强度与方向同经济社会发展水平呈现出相对一致性。蒋奕廷、蒲波（2017）的测度表明，成渝城市群各城市与成都、重庆两市间的经济引力仍存在较大差异，城市间的地理距离与其经济距离并不存在必然的相关性。

区域发展差距扩大也导致空间不协调。肖磊（2019）基于 2000～2015 年截面数据分析，发现人口与 GDP 保持向高等级城市集中，成都的中心极化地位明显，成渝城市群空间格局存在"东倾"现象，其中重庆渝西地区发展最为明显，渝东北、川东、渝东南等地区发展加快。彭颖、陆玉麒（2010）指出，成渝经济区经济发展二元化结构严重且空间惯性强，核心区极化作用占主导，应提升中心城市的辐射带动能力。刘世庆等（2013）指出，成渝经济区面临着先进地区率先发展与欠发达地区缩小差距共享发展的问题。徐长乐（2018）基于修正引力模型测算成渝城市群空间联系，发现城市网络发展不成熟，成渝两地占据绝对优势，而次级城市发育不足。

关于城市群空间格局优化，刘世庆等（2013）基于经济地理变迁视角，研究发现成渝城市群已形成"双核五带四群"空间格局。孟祥林（2015）则设计了"双核 + 三带"发展模式，构建"H"型空间结构。2016 年印发的《成渝城市群发展规划》明确提出重点建设成渝发展主轴、沿长江和成德绵乐城市带，促进川南、南遂广、达万城镇密集区加快发展，构建"一轴两带、双核三区"空间发展格局。《成渝地区双城经济圈建设规划纲要》提出要突出双城引领，强化双圈互动，促进两翼协同，统筹大中小城市和小城镇发展，形成疏密有致、集约高效的空间格局。

五、成渝城市群发展对策

陈映（2010）通过比较研究认为，成渝城市群是在相对低发展阶段和低收入水平起点上开始一体化，这加大了一体化的难度。黄勤（2017）的研究表明，成渝城市群经济联系网络总体上还处于较低水平，真正意义的城市群尚未形成，对此应加快建设国家中心城市，大力培育次级城市，优化城市体系，深化多层次区域合作。李月起（2018）指出，成渝城市群一体化发展程度还有待提升，应通过共立决心、共建机制、共筑内涵、共赢合作，实现共生发展。

目前，成渝城市群处于要素合作阶段①。在此阶段，行政区划壁垒是成渝城市群一体化发展的最大障碍。对此，学者们提出了若干解决办法。赵驹（2013）提出应努力探索从区域行政治理向区域综合治理转变，以解决当前成渝城市群存在的城镇化互动协调发展不易、区域管理模式较难突破的问题。陈云霞（2013）指出，农业发展、生产要素及政府决策和相关制度安排是成渝城市群一体化的推力，非农产业规模扩发、产业结构调整和比较利益驱动是成渝城市群形成的拉力，城乡二元结构矛盾突出、户籍制度及产业结构趋同严重是阻碍一体化发展的中间障碍。锁利铭（2018）建议成渝城市群要加强区域协同治理，以合作驱动区域经济加快转型升级。

第四节　简要述评

综合来看，城市群经济一体化发展受到国内外学术界的高度关注，有大量的理论和实证研究探讨成渝城市群经济一体化发展问题。基于已有研究，不难发现：第一，城市群一体化和协同发展是城镇化发展到一定阶段的必然趋势，是城市群实现高质量发展的路径选择；第二，城市群经济一体化是城市群一体化的关键，也是城市群一体化发展至关重要和最难解决的领域；第三，成渝城市群在全国尤其是长江经济带的功能和地位突出，应积极探讨区域分工与合作，全域全面推进城市群经济一体化发展；第四，成渝城市群经济一体化发展应重点从战略规划、产业分工、空间优化、体制创新等多个方面推进。这些为本研究奠定了坚实的基础，提供了丰富的素材和可供参考的研究方法等。

同时，仍存在一些不足，突出表现在：第一，对城市群经济一体化发展等城市群高级化特征或新趋势的研究相对较少，多数研究从城市群空间、产业或市场等单一视角展开，系统性多维度考察城市群动态演化过程的研究较为匮乏；第二，城市群经济一体化研究基本沿袭区域经济一体化研究范式，基于城市群特征属性及特定功能的研究相对较少；第三，城市群研究以地理学者和城

① 上海社会科学院长江经济带课题组. 长江流域三大城市群如何联动发展［N］. 东方早报，2015－4－21（6）.

市规划学者居多，系统性的城市群一体化发展经济学分析相对较少；第四，研究对象存在局限性，国内学者多集中研究京津冀、长三角、珠三角等经济较发达、发展相对成熟的东部地区城市群，对成渝城市群等中西部地区城市群的研究相对较少。

正是针对以上研究的不足，本书拟探索构建城市群经济一体化发展的理论分析框架，并从战略、空间、产业、市场、机制等不同层次和不同维度研究成渝城市群经济一体化发展及实现路径，以期为推进成渝城市群高质量发展提供参考。

第二章　成渝城市群经济一体化
发展的理论基础

城市群是我国城市化的主体形态。研究城市群经济一体化，必须厘清其理论来源，构建好指导城市群经济一体化发展实践的理论基础。城市群经济一体化发展是以城市群为地域空间的经济发展，关键是消除城际经济障碍，通过资源要素优化配置，建立有效的分工合作关系，形成经济一体化发展格局，从而体现出从微观到宏观不同层次的发展过程与状态。成渝城市群经济一体化发展的理论基础由马克思经济交往理论、区域分工合作理论、城市空间开发理论及区域经济一体化理论组成。本章在相关概念界定和对理论基础的梳理的基础上，提出成渝城市群经济一体化发展的研究框架。

第一节　概念界定

一、城市群一体化与城市群协同发展

随着城市群逐步向高级阶段发展，城市群一体化发展和城市群协同发展成为城市群高质量发展的新方向和主旋律。在我国已出台的城市群发展规划中，明确提出京津冀协同发展、长三角一体化高质量发展。正确认识与区别城市群协同发展、一体化发展的内涵，有利于科学研究不同城市群发展的实现路径。因此，研究成渝城市群经济一体化发展，有必要对城市群经济一体化、城市群协同发展等概念进行辨析。

（一）城市群协同发展的内涵

所谓协同发展，是以协同论为理论基础和基本方法的发展模式。"协同

论"由德国斯图加特大学教授、著名物理学家哈肯（Haken）提出并系统阐述，是城市群协同发展的核心理论基础。根据"协同论"，远离平衡态的开放系统在与外界有物质、能量和信息交换的条件下，内部子系统间会产生协同作用，通过自组织过程形成时间、空间和功能上的有序结构，产生整体的协同效应。

从系统观念看，城市群是典型的耗散结构，子系统间会自发产生在时间、空间和功能上趋向稳定的有序结构，达到空间组织紧凑、经济联系紧密，并最终实现高度一体化和同城化。同时，城市群又是远离平衡态的开放系统，会自发地与外界进行物质、能量或信息交换，在适当外部条件的作用下，城市群内各城市间和各子系统间相互影响、相互合作、相互制约，建立起相对稳定的竞争、合作或共生关系，改变子系统离散、掣肘、冲突的无序状态，形成时间、空间和功能的有序结构，实现整体高质量发展和竞争力提升。

从本质上看，城市群协同发展以城市群为地域空间单元，从时间、空间和功能等多个维度优化资源配置，形成新的生产关系，进而适应城市群生产力解放与高质量发展需要。在时间维度方面，城市空间开发、资源利用、人口集聚、经济发展等要统筹考虑当前和未来的情况，做到资源配置适度有序。在空间维度方面，要突破行政区划限制，全局性谋划、战略性布局，破除恶性竞争、同质发展、重复建设及资源错配等"无序"状态，实现要素自由流动和高效集聚。在功能维度方面，要突破领域限制，加强资源流动与共享，强化不同领域深度融合互动，以结构优化提升资源配置功能。

（二）城市群协同发展的演进

从发展脉络看，协同发展经历了"从协作到协调，再到协同"的演变（见表2-1）。尽管这三个概念都强调加强城际合作，指出共同目标是提高城市群发展质效，但其提出背景、理论基础、内涵特征和重点任务、实现路径等存在显著差异。协作发展以提升效率为目的，强调城市依托比较优势，在不同领域或不同环节（如产业链）进行线性分工协作，使分散的生产力组合成城市群整体生产力，从而获得比简单累加更高的效率与效益。协调发展是解决城市发展差异形成城市群发展失衡及引发深层次社会矛盾的路径选择，旨在缩小并最终消除发展差距和实现发展均衡、公共服务均等化和发展机会均等，而区域协调发展新机制设计仍是新时代破解发展不平衡不充分问题的系统性解决方案①。

表 2 – 1　　　　　　　　　　　协作、协调与协同的演进

	协作发展	协调发展	协同发展
提出背景	区际贸易迅速发展	区域发展差距持续扩大	系统互动不足和整体无序
理论基础	比较优势理论	（非）均衡发展理论	协同论、系统论
基本内涵	基于比较优势进行合理分工和专业化生产	有限资源在不同区域/部门间均衡地优化配置	开放复杂系统有序运行和稳定功能的帕累托改进
实现目标	专业化分工合作，以改善生产效率	发展差距趋于收敛，实现可持续均衡发展	子系统相互协同，实现有序和"1 + 1 > 2"的协同效应
适用领域	产业等领域线性分工合作	产业、公共服务等领域面状协调	所有子系统的立体式互动合作发展
推进主体	同质同级	同质同级、同质不同级	可以不同质不同级
实现路径	分工合作	统筹推进	协同互动

　　然而，城市群发展不平衡现象普遍且客观存在，难以在短期内消除。城市政府立足自身发展，引导各类要素资源"趋利性"转移，往往还会导致"城市病""同质化""结构失衡""功能缺失""重复建设""恶性竞争"及资源环境超载等多种无序状态，使城市群面临新的发展困境。与此同时，城市群内经济、社会、生态、科技、文化等各种要素交互作用与融合发展趋势日益明显。适应新形势，协同发展以系统论的方法、从全局性的视角，为城市群不同等级城市、不同子系统和各种要素资源间构建复杂协同合作关系，实现各类子系统协同共生、互动演化的协同效应提供了路径。城市群协同发展既内含协作与协调发展，兼顾子系统内分工协作关系，注重缩小子系统间发展差距，但又不再局限于解决城市间分工协作和缩小城际发展差距，更加强调经济、社会、生态等各类子系统相互关联作用、协同共生与互动演化，实现多重目标共赢，

---

① 邓玲，何克东. 国家战略背景下长江上游生态屏障建设协调发展新机制探索［J］. 西南民族大学学报（人文社会科学版），2019（7）：180 – 185.

促使城市群系统更加稳定、有序、高效。从协作到协调、再到协同的演进是城市群逐步走向成熟的重要标志，符合发展客观规律，既体现了城市群发展继承性、延续性和创新性，内涵不断丰富，又是适应不同阶段城市群发展新趋势的结果，折射出鲜明的时代特征。

以城市群内有三个城市的情况为例，在分工协作过程中，向量 OA、AB、BC 分别表示 A、B、C 城市的生产能力，通过线性协作可实现向量 OC［见图 2-1 (a)］，显著提升城市群整体影响力。推进城市群协调发展，各城市致力于促进向量 OA、OB、OC 方向优化与规模接近［见图 2-1 (b)］，通过优化调整城际各类要素配置合理结构，实现经济社会均等发展，以缩小城际发展差异，使各城市处于相对均衡的发展状态。城市群协同发展，更加强调 OA、OB 协同耦合形成向量 OP，再与 OC 协同加总，正向叠加产生向量 OE 的协同效应，从而外在表现为城市群拥有 OE 的势能［见图 2-1 (c)］。协同效应的存在，在客观上对城市群内各级次城市形成激励，有利于促进各类子系统同质关联协作与异质融合互动，使分散的局部优势转化为叠加放大的城市群综合优势。

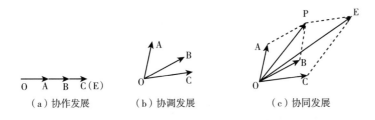

（a）协作发展　　　（b）协调发展　　　（c）协同发展

图 2-1　城市群协作—协调—协同发展向量图

城市群协同效应（向量 OE）的高低取决于子系统 OA、OB、OC 向量的大小和方向。换句话说，子系统向量越大，向量间角度越小，向量加总将越大，即协同发展水平越高。通常，向量大小代表各子系统发展水平的高低，表明子系统协同发展的能力和能级；向量方向则是由地理空间、战略选择、制度机制等决定的子系统协同关系，反映子系统协同发展的意愿和举措。进而，城市群协同发展效应取决于各子系统协同发展能力和子系统间协同作用关系，并且二者相互影响、同样重要。强协同能力和弱协同关系，或弱协同能力和强协同关系都难以实现协同效应最大化。这也反映出，城市群协同发展不仅要求资源高效配置，实现子系统高质量发展，而且要求构建子系统间紧密的互动合作关系。

（三）城市群协同发展的主要特征

在城市群协同发展过程中，多个城市主体、多类子系统为共同目标而博弈和合作，将实现多目标共赢发展，在城市群内部及外围地区产生明显正向外部效应，从而表现出显著的开放性、整体性、相对性、动态性和过程性等特征。

首先，城市群协同发展是区别于"故步自封"和"恶性竞争"的新型发展模式，其自组织原理隐含着子系统拥有充分自主性这一前提，要求城市群子系统绝不能"画地为牢"，必须消除壁垒障碍，构建统一市场和共同规则。只有城市群系统保持开放状态，不断与外界进行物质流、能量流、信息流交换，才能降低熵值，实现从无序到有序的动态演化。

其次，城市群协同发展是宏观层面的集体自组织现象，各子系统自身运行与发展从属于协同发展"律法"，相同等级或势能的子系统间彼此合作，不同层级子系统间协同带动，同类子系统协调合作，不同类型子系统关联融入，着力解决系统间不协调、难协同、差异大等问题，强调要同时、同向、同行发展，更加注重同步、共同、均等的内涵①，最终实现整体发展。

再次，协同发展效应是相对于过去无序状态和当前同类区域而言的。由于城市群处于不同阶段，面临着不同的"无序"状态，协同发展实现"有序"效应各不相同。推动城市群系统从无序状态向有序结构转化，取决于各子系统能否高效合作，关键是要找出决定系统转化的序参量，进而有效"调控"，促进城市群内各子系统找准自身功能定位并积极调整。

最后，城市群协同发展是动态非均衡推进过程。城市群存在着自我强化和稳定的自组织机制，具有不断适应环境变化的行为过程和功能机制。受外部环境不确定性影响，城市群系统总处于不断"学习"与"适应"中，导致旧系统溃散和新系统形成，在临界转换过程中就存在协同发展。由此可见，协同发展是持续渐进的过程，而非终极发展状态。

---

① 程恩富，王新建. 京津冀协同发展：演进、现状与对策 [J]. 管理学刊，2015，28（1）：1-9.

（四）城市群协同发展的分析框架

基于理论和实践，研究和推进城市群协同发展的理论框架包括坚持三个基本原理、推进七大子系统协同、构建四种协同关系、破解两类关键要素的逻辑链条环节①（见图 2 - 2）。

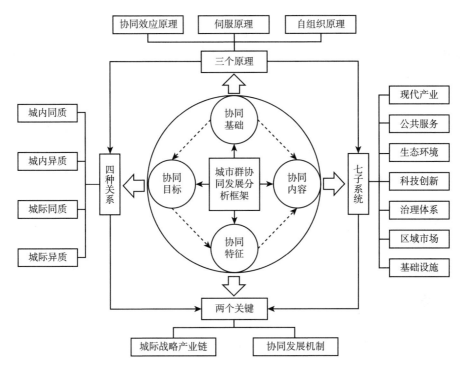

图 2 - 2　城市群协同发展理论分析框架

1. 三个基本原理

（1）协同效应原理，城市群子系统间相互协同，发生质变，形成整体或集体效应。能否产生"1 + 1 > 2"的协同效应，取决于各子系统是否有效协调合作；反之，相互掣肘、冲突或设置障碍，就会造成内耗增加。（2）伺服原理，城市群协同发展过程中，快变量因素服从于慢变量因素，实质是协同发展

① 刘波，邓玲. 双循环新格局下成渝贵城市群协同发展影响因素与实现路径研究 [J]. 贵州社会科学，2021（5）：135 - 143.

通常由少数序参量决定。序参量就是"行为律法",各子系统必须遵守这种秩序力量。(3)自组织原理,在既定甚至没有外部作用时,城市群子系统也能按某种规则形成相对稳定有序的结构。协同发展就是"有为"地利用控制参数引导设立边界限制,让自组织过程"无为自治"。

2. 七大子系统

按照新时代统筹推进"五位一体"总体布局,可将城市群系统分解为现代产业、公共服务、生态环境、科技创新、治理体系和区域市场、基础设施等相互独立,而又紧密关联的七大子系统。现代产业是城市群经济循环流转和产业关联合作的核心内容,其内在要求与科技创新、区域市场、生态环境和基础设施等子系统形成广泛且密切的联系。公共服务应适应社会主要矛盾变化及坚持以人为本发展需要,表征城市群走向繁荣与成熟的程度,往往是城市群协同发展率先推进的领域。生态环境是自然、生态和环境的集合,蓝天碧水净土是不可分割的整体,具有基础和约束作用,因备受关注且利益冲突较小,通常是优先协同发展的领域。科技创新提供现代产业等子系统运行的规则与方式,是城市群协同发展的内在驱动力,在协同发展中具有提升功能。治理体系包括法律、规划、制度、协议、会议等,提供城市群优势互补、经济循环、利益共享的解决方案,发挥着关键性的保障与规范作用。区域市场提供商品和要素自由流动、供需动态均衡的重要载体,是城市群协同发展的微观基础,其核心是消除市场壁垒和构建高标准统一市场体系。基础设施涵盖交通、信息和新基建等,是资源要素优化配置和经济循环流转的重要通道,为城市群协同互动提供关键支撑。

3. 四种协同关系

因为各城市有相对独立的各类子系统,各类子系统又贯穿于各级城市中,进而城市群协同发展存在城内同质、城内异质、城际同质、城际异质四种协同关系或方式。

4. 两类关键环节

城市群协同发展过程中,制定共同战略、编制统一规划、推进设施建设、加强信息沟通、开放商品市场和保护生态环境等都具有"快变量"属性,而产业分工协作和生产要素自由流动、制度政策统一和体制机制完善这两个关键环节决定了协同发展效应,需要重点突破。从城际资源配置看,城市群内资源和生产要素自由流动是实现产业关联畅通、夯实国内循环基础的路径，但城市间产业发展激烈竞争，存在各种进入门槛、市场壁垒与地方保护措施，导致形成"完美"产业分工协作和生产要素自由流动经常面临困难。就协同发展机制而言，因各城市在长期竞争与发展中形成了极其复杂且相对稳定的制度体系，通过加强沟通、签订协议等建立府际协商合作机制，显然形式大于内容，制度化、权威性和约束力程度低，难以真正提供有序"竞合"的动力。

总体上，城市群协同发展核心是改变无序状态，形成有序结构，构建起各类子系统间的紧密协同关系，实现同发展效应；而城市群一体化发展的关键是消除各类经济障碍，促进要素自由流动、产业分工协作和空间结构优化，实现高质量发展。因此，二者内涵不同，适用于不同城市群，提供的问题解决方案和路径也应有差别。

二、城市群经济一体化的内涵与特征

（一）城市群经济一体化的内涵

经济一体化早期主要适用于国家之间，侧重于贸易领域，目的在于通过减少交易费用和允许新企业进入来增加国内市场竞争度。随着国际经济一体化深入发展，在一国内局部区域实现经济一体化成为主要趋势。越来越多的地理临近区域为了共同经济利益，相互间加强经济联系和协调合作，消除地区间的贸易壁垒和障碍，形成产品市场、要素市场和经济政策协调统一的经济区域。城市群经济一体化是城市群向高级阶段发展的必然产物，是城市群演进过程的高级形态，也是城市群生产力和生产关系持续改善的重要体现，并因城市群持续发展而不断向更高级阶段动态演进。

本书认为，城市群经济一体化是指城市群内不同层级城市为了共同的经济利益，借助发达的交通通信网络和政府间紧密合作，逐步消除地理空间和政策制度等障碍，促使城市间商品与要素自由流动、产业分工协作、空间优化布局，实现城市群地域空间组织高度集中、产业关联高度紧密、区域市场高度融合和整体高质量发展的过程。

城市群经济一体化发展，关键是要消除经济障碍，包括自然地理阻隔、历史文化差异和人为设置的各种制度性障碍等。一般来说，随着城市间经济障碍逐步消除，商品和各种资源要素将在城市群内自由流动和高效集聚，促进部分城市经济发展优势更加突出，培育出具有竞争力的优势产业，城市间形成竞争有序的产业分工合作，进而经济发展具有较多比较优势的城市逐步发展成为中心城市，城市群发展格局和城市空间形态随之发生变化。反过来，城市群内中心城市具有综合交通、规模经济、要素集聚和学习效应等优势，产业发展基础相对较好，与其他城市形成多种分工合作关系，具有更强的资源要素集聚能力（见图2－3）。这种从要素配置到格局形成的相互作用过程，使城市群经济一体化发展呈现出三大层次性：从宏观层面看，经济区域协同发展实现格局优化；从中观层面看，城市间分工合作实现城际经济联系持续加强；从微观层面看，商品与要素等各种"流"更加频繁和高效集聚，实现资源优化配置。

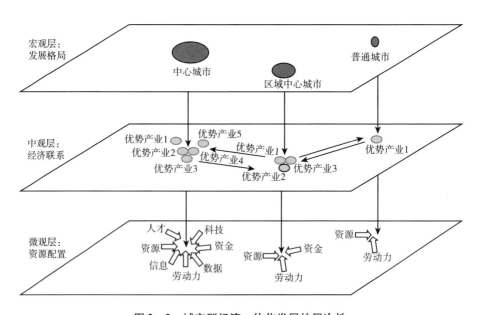

图2－3　城市群经济一体化发展的层次性

　　基于城市群经济一体化发展的层次性和主导机制分析，城市群经济一体化发展的主要内容包括五个维度，即战略取向相同、空间格局协调、产业分工协作、区域市场构建、制度机制协同。其中，通过协调空间格局实现空间一体化，为城市群经济一体化发展提供载体。由规模不同、等级差异、功能互补的城市构成，以及城市体系和布局优化的空间组织结构，使城市群获得"1＋1＞2"的空间组织结构功能。通过产业分工协作实现产业一体化，是城市群经济一体化发展的核心内容。城市间产业结构优化、产业布局调整与产业链现代化是城市群资源要素优化配置及配置效率提高的实现形式和最终结果。通过构建区域市场实现市场一体化，形成城市群经济一体化发展的基础。只有建立统一开放的高标准市场体系，才能促进商品和劳动、资本、技术、知识、数据等要素的城际自由流动，实现资源优化配置。同时，战略取向相同，在城市群范围内达成战略共识，实现战略一体化，为城市群经济一体化发展提供思想基础和顶层设计。通过协同机制推进实现制度一体化，是城市群经济一体化发展的重要保障。空间、产业和市场一体化三者相互联系、相互促进，共同构成城市群经济一体化发展的主体内容，其实现又依赖于战略一体化的导向作用和制度或体制一体化的保障作用。

1. 战略一体化

各城市经济发展都按照一定的经济运行规则进行，并受到相应管理机制的规范，不同的经济运行规则对经济发展起着不同的作用。城市群经济一体化是群内各城市的共同行为，必然要求城市群内各经济主体具有相同发展价值取向和达成一致的战略意图，制定相同或相协调的经济发展战略，进而形成有利于经济一体化发展的指导思想和运行管理规则。客观要求各城市在城市群发展战略框架下，自觉打破自家"一亩三分地"思维定式，加强顶层设计和战略实施的统筹协同，实现城市群整体利益最大化、城市个体利益同步发展的目标。

2. 空间一体化

城市群空间组织是群内各城市要素在空间上的分布和相互作用的形态，是城市群经济一体化发展的外在表征和重要载体。城市群网络化的经济要素集聚程度和城市形态不断变化，在宏观上表现为经济活动投影呈现不同的空间结构。城市群空间作为经济活动的承载场所，空间格局的形成与优化在客观上受自然地理和交通基础设施的影响，此外各级城市政府的空间布局战略实施也在一定程度上影响着城市群空间形态。随着城市群经济一体化高度发展，城市空间组织高度集中、城市间经济联系更加紧密，从而形成以中心城市为核心、沿交通等通道向外，圈层式辐射的一体化"面"状空间结构。

3. 产业一体化

城市群经济一体化发展的核心是经济发展，这在客观上要求城市群地域空间有一定规模、具有比较优势的产业，且城市间形成有序的产业分工与合作，促使城市群内产业结构合理化、产业基础高级化和产业链现代化，提升城市群整体竞争力。产业一体化发展是实现城市群经济一体化发展的重点和难点，也是城市群经济一体化发展效率的检验标准。应坚持以市场机制为主导的作用机制，遵循客观经济规律，充分发挥比较优势，立足各城市产业发展基础，加强不同梯次城市间的垂直分工联系和同一梯次城市间的水平互补合作，形成产业垂直与水平一体化。

4. 市场一体化

在社会主义市场经济条件下，市场在资源配置中起着决定性作用，市场机制为资源空间优化配置和产业分工协作提供条件。要素市场和产品或服务市场是整个经济运行的两端，贯穿城市群经济活动全过程。城市群市场一体化，推进城市群率先畅通国民经济循环，实现供需有效衔接，有利于在城市群内率先实现经济循环流转和城市群融入新发展格局，是构建双循环新发展格局的空间载体①。要保证各种生产要素和商品在城市间自由流动，就必须消除城市间要素流动的障碍，构建开放的区域市场体系。市场一体化是城市群经济一体化的必然要求，也是实现城市群经济一体化的微观基础。

5. 制度一体化

基于行政区各自利益诉求的差异性，可能会导致相互竞争和市场分割，直接影响城市群经济一体化进程，因而制度一体化对城市群经济一体化发展至关重要。城市群经济一体化发展，最深层次、最困难的是要消除城市间人为因素形成的体制机制障碍。构建经济一体化发展的体制机制，促进各城市规范制度和协调政策，实现制度一体化，是城市群经济一体化发展的重要保障。特别是在城市群经济一体化发展初期，从整体利益出发建立促进城市间有序竞争与合作的系列制度安排尤为重要与必要。

（二）城市群经济一体化的基本特征

1. 发展战略意图一致性

城市群不是一群城市，也不是具有行政功能的城市联合体，而是为实现完

---

① 刘波，邓玲. 双循环新格局下成渝贵城市群协同发展影响因素与实现路径研究 [J]. 贵州社会科学，2021（5）：156－164.

整经济功能的城市集合体。城市群经济一体化旨在实现城市群内不同性质、类型和规模的城市共同的经济利益。因而，相对于城市群外部，城市群内各城市具有毗邻的自然地理位置、相似的社会环境、相近的制度政策及相同的战略机遇等，形成了一个相对独立完整的利益共同体。在城市群内部，各城市具有共同的战略意图、相同的价值理念，能够形成城市间高度开放合作关系，实现城市群内资源共享与优势互补。

2. 基础设施网络同城化

基础设施是城市群形成与发展的桥梁，也是城市群经济一体化发展的重要标志。城市群是特定地域空间内规模各异的城市依托基础设施而相互联系、强烈交互作用所形成的网络性城市集聚体。网络化的基础设施为城市间要素自由流动、产业高度分工合作提供了条件。也就是说，基础设施网络是加强城市间经济联系和经济一体化发展的重要原因。随着城市群经济一体化发展不断深化，城际经济联系和优势产业分工协作对消除自然地理障碍的要求更高，促使交通基础设施迈向同城化发展阶段。

3. 产业分工协作合理化

城市群作为经济利益共同体，提供了资源要素优化配置、经济主体紧密联系、中心城市和外围城市交互作用的有利条件，促进企业区位再选择、企业总部和工厂组织结构分离、产业转移和集聚扩散、产业集群和产业链培育等活动加快，形成分工合理、协作高效的城市群现代产业发展格局。城市群能否形成合理的产业结构和布局，直接反映着经济资源配置是否有效率，并最终影响城市群经济一体化进程。在相互独立的行政职能主体推进城市群经济一体化过程中，最重要的检验标准是城市群产业分工协作，实现产业一体化发展。

4. 利益协调机制有效性

城市群经济一体化目标是形成"1 + 1 > 2"整体效应大于局部叠加效应发展格局，实现城市群整体共同利益最大化。但城市群由不同城市组成，客观存在地方政府间甚至中央与地方政府间的利益博弈，从而阻碍城市间协同合作，有悖于城市群经济一体化发展。因此，构建城市间有序的竞合关系，协调各方经济利益，形成有效的城际合作机制和利益分享机制对城市群经济一体化发展具有决定性作用。经济发达的城市群都有相对完善且有效运行的利益协调机制。

5. 发展演变过程动态性

城市群是复杂的经济社会生态系统，始终处于动态调整中。城市群经济一体化不是城市群发展到一定阶段的静态特征，而是动态发展、不断推进的过程。随着城市群不断发展，因产业分工、集聚、转移，特别是城市空间距离、要素流动网络、科技创新和制度成本等不断变化，城市间经济联系更加频繁，各种"流"密度不断增加，都将促使城市群经济一体化发展相应调整，从而使城市群经济一体化还会表现出阶段性特征。

三、成渝城市群与成渝地区双城经济圈

近十余年来，以 2011 年 5 月发布的《成渝经济区区域规划》、2016 年 4 月出台的《成渝城市群发展规划》、2020 年 10 月中共中央政治局审议并于 2021 年 10 月印发的《成渝地区双城经济圈建设规划纲要》为主要标志，成渝地区经历了从成渝经济区到成渝城市群，再到成渝地区双城经济圈的历史演变。在不同历史背景下使用不同概念，不仅其内涵显著不同且不断丰富，而且还充分体现了国家推进成渝地区发展的战略取向和重点任务，也符合成渝地区城市不断发展的客观需要。

从概念上看，成渝城市群是成渝地区内密集布局的不同等级的城市依托交通通信等现代化基础设施网络，发生和发展紧密的经济联系，最终实现高度经济一体化的"城市集合体"。简言之，成渝城市群强调成渝地区所有城市紧密联系构成的"有机体"。成渝地区双城经济圈是成渝地区内以重庆、成都"双城"中心城市为核心，沿着交通等通道，向外辐射带动外围城市，形成"圈状"发展格局的城市化区域。简言之，成渝地区双城经济圈强调"双城"引领和形成"经济圈"。不难发现，二者在内涵上各有侧重，成渝地区双城经济圈充分体现了成渝地区"双核"带动和"圈层"发展的空间特色，强调要推进成渝地区高质量发展，打造高质量发展重要增长极。而成渝城市群体现的是城际经济的紧密联系，强调经济一体化发展的重要性。本质上，成渝城市群和成渝地区双城经济圈都以城市群相关理论为指导，都是国家对成渝地区城市发展的战略部署。对比《成渝城市群发展规划》和《成渝地区双城经济圈建设规划纲要》，成渝城市群和成渝地区双城经济圈在地域空间上完全重合。

考虑到本书以经济一体化发展为题目，侧重于城市间的经济联系，且符合长期以来国内外学术研究规范，因而采用成渝城市群概念。根据《成渝城市群发展规划》，成渝城市群范围包括重庆市的渝中、万州、黔江、涪陵、大渡口、江北、沙坪坝、九龙坡、南岸、北碚、綦江、大足、渝北、巴南、长寿、江津、合川、永川、南川、潼南、铜梁、荣昌、璧山、梁平、丰都、垫江、忠县等 27 个区（县）以及开州、云阳的部分地区，四川省的成都、自贡、泸州、德阳、绵阳（除北川县、平武县）、遂宁、内江、乐山、南充、眉山、宜宾、广安、达州（除万源市）、雅安（除天全县、宝兴县）、资阳等 15 个市，总面积 18.5 万平方公里，2019 年常住人口 9600 万人，地区生产总值 6.3 万亿元，分别占全国的 1.9%、6.9% 和 6.3%。

为保持一致性和便利性，本书研究的成渝城市群的空间范围遵循《成渝城市群发展规划》的界定。需要说明的是，因重庆在成为直辖市前隶属于四川省，以及数据获取难度等历史与现实原因，研究中部分地方使用四川（1997年前）、川渝地区（四川和重庆未扣除不在成渝城市群范围内市州和县区），或成渝地区，或成渝经济区（未扣除不属于成渝城市群的县市）、成渝地区双城经济圈等概念，以此替代成渝城市群。

四、成渝城市群经济一体化

成渝城市群经济一体化是城市群经济一体化在成渝城市群的实践过程与实现状态，既遵循城市群经济一体化一般规律，具有共性特征，又强调要解决成渝城市群自身若干实际特殊问题，具有个性特点。

就共性特征而言，成渝城市群经济一体化要充分发挥比较优势，遵循经济一体化发展客观规律，消除产品与要素自由流动的各种阻碍，加强城际经济联系与互动，重点推进空间格局优化、产业分工协作、区域市场构建等领域的一体化，在发展规划、战略谋划、政策制定等方面统筹协调，实现资源最优化配置和效用最大化。

就个性特点而言，成渝城市经济一体化要立足西部地区自然地理区位和国家赋予的在西部形成高质量发展的重要增长极和引领西部开发开放的国家级城市群的历史使命，在推动形成优势互补和高质量发展的区域经济布局、培育能够带动全国高质量发展的新动力源、促进西部地区开发开放发展等方面发挥应有功能和作用。应充分考虑成渝城市群在长江经济带上游地区的特殊地位，必须按照"共抓大保护、不搞大开发"发展思路，统筹"金山银山"和"绿水青山"，走生态文明的发展道路，把生态文明发展理念贯穿到成渝城市群经济一体化全过程和各领域。从自身情况看，成渝城市群由行政区内城市群演变为跨区域城市群，行政分割导致的市场分割是制约成渝城市群经济一体化发展的关键障碍，川渝城市间"虽谋难合""谋而不合""竞争大于合作"问题迫切需要解决，破解体制机制障碍，构建基于利益共享的产业分工协作发展格局和公平统一的高标准区域市场体系非常重要且紧迫。

第二节　理论基础

一、马克思主义经济交往理论

马克思和恩格斯用历史唯物主义的观点，以生产力与生产关系矛盾运动的民族性和世界性为核心，论述了（世界）普遍建立经济联系和经济一体化发展的历史趋势，以及在一体化进程中各地区、各民族的经济、社会、文化等发展的相互依赖和相互制约关系。马克思和恩格斯指出："各民族的原始闭关自守状态则由于日益完善的生产方式、交往以及因此自发地发展起来的民族之间的分工而消灭得越来越彻底"。[1] 可见，在马克思和恩格斯看来，只有地区间、民族间建立起普遍的经济联系和交往后，物质生产和消费才能在更大的市场（世界市场）范围内实现。"过去那种地方的和民族的闭关自守和自给自足状态，被各民族的各方面的互相往来和各方面互相依赖所替代了"。[2] 也就是说，随着市场范围的扩大和世界市场的形成，地区和民族间的经济、文化、社会等联系更加紧密，彼此间相互依赖、相互制约，不再孤立发展。

各地区和民族之间的普遍联系和交往的发生及实现程度是生产力进步的结

---

①② 马克思，恩格斯著. 中共中央马克思恩格斯列宁斯大林著作编译局编译. 马克思恩格斯选集第1卷［M］. 北京：人民出版社. 1995：88，276.

果。马克思指出，"各民族之间的相互关系取决于其生产力、分工和内部交往的发展程度"。① 当生产力、劳动分工、商业贸易及城市化发展到较高水平时，"就产生了同附近地区以外的地区建立贸易联系的可能"。② 此外，马克思还强调了交通工具、工业革命以及科技进步对一体化进程的决定性作用。

马克思和恩格斯认为，各地区和民族对外交往的扩张与深化是生产力发展的重要前提，因而只有参与经济一体化才能保持先进生产力。马克思指出，"只有交往具有世界性质，并以大工业为基础的时候，只有在一切民族都卷入了竞争的时候，保存住自己创造出来的生产力才有了保障"。③ 即是说，只有发展更加广泛而深入的对外交往，才能保全和推广新的生产力，更加广泛地利用各种新技术、新发明，缩短技术革新时间，保持先进的生产力。反之，缺乏对外交往、闭关锁国式的发展模式难以获得持续改善生产力的新动力，那么以前创造出来的先进生产力的优势地位也会逐渐消逝。

新马克思主义学派的代表戴维·哈维（David Harvey）进一步丰富和发展了马克思主义的空间理论，认为物质生产是不断超越空间限制的"自我生产"的历史过程，对时空的理解应坚持实践的观点，是通过服务于社会生活再生产的物质实践活动与过程而创造出来的，因而实践活动的变化必然会引起时空品质属性及其意义的变化。

根据马克思主义经济交往理论，城市群内地区间、城市间、民族间、行业领域间的经济联系和交往普遍存在，并随着生产力与生产关系的发展而不断演化加强。城市间相互交往和交流合作提供了城市创造并保持先进生产力的重要动力，劳动分工与协作、交通基础设施改善、科学技术进步、文化习惯认同等对城市群经济一体化发展具有重要意义。

二、区域分工与合作理论

马克思认为，分工"既包括部门间、企业间和企业内部分工，也包括把一定生产部门固定在国家一定区域的地域分工"。④ 这种将生产部门固定在一

---

①②③ 马克思，恩格斯著. 中共中央马克思恩格斯列宁斯大林著作编译局编译. 马克思恩格斯选集 第1卷［M］. 北京：人民出版社. 1995：68，107，107－108.

④ 马克思. 资本论（第1卷）［M］. 北京：人民出版社，1975：392.

定区域的分工即是区际分工。古典经济学也早已证明劳动分工能促进劳动生产力提高和效益增加，形成了亚当·斯密的绝对优势理论、大卫·李嘉图的比较优势理论、俄林的要素禀赋理论等经典劳动分工理论。绝对优势理论认为，地域分工是市场交换的基础，任何区域都应该按照其绝对有利的生产条件去进行专业化生产，然后进行市场交换以增进区域利益。根据李嘉图的理论思想，由于各地劳动生产率的差距在各商品间是不均等的，贸易的基础是生产技术的相对差别造成的相对成本差距，"两利相权取其重，两弊相衡取其轻"，各地应"集中生产优势较大或者劣势较小的商品"，进口具有"比较劣势"的产品。在古典生产函数中，劳动是唯一的生产要素，生产技术差异体现为劳动生产率的差异，从而解释了贸易产生的基础和贸易利得。要素禀赋论（H－O 理论）认为，在两个区域技术水平相等的前提下，区际分工及贸易主要是基于各区域生产要素禀赋的丰裕程度和商品生产的要素密集度差异，并由此决定了生产要素的相对价格和劳动生产率存在差异。与古典、新古典理论不同，以克鲁格曼为代表的学者提出"新贸易理论"，主张运用产业组织理论和市场结构理论来解释区际分工和区际贸易，并用不完全竞争、规模报酬递增、外部规模经济、消费者需求多样化等概念和思想来构筑新的理论，较好地解释了 20 世纪 60 年代以来国际贸易中出现的新趋势。

城市群是由不同城市通过密切分工和紧密协作而形成的综合经济体，是区域经济一体化的特殊形态。区域分工理论解释了各城市基于要素资源禀赋差异性而形成经济优势。在城市群经济一体化过程中，发达城市通过区位因素在空间经济活动中产生乘数效应，带动周边地区经济发展，而欠发达城市可以利用要素禀赋差异、选择适宜的产业政策等，建立具有自身竞争力的产业体系，培育城市主导或优势产业，进而参与城市群的生产分工和商品交换，获取最初原始积累，缩小与发达城市间的发展差距，奠定更好地接受发达城市经济辐射和产业转移的基础。区域分工格局形成后，生产要素将跨区域流动，寻求更优配置。彼此相关或相互依赖的城市以生产为纽带组织起来，成为一个联合体。区域分工导致各城市建立经济贸易与合作关系；反过来，经济合作提供了实现区域分工的保障条件。

三、城市空间开发理论

城市空间布局在较早之前就是人类经济社会研究的重要话题，如我国古代有"居其位""象天法地"等城市规划思想和风水理论为指导，"一年成聚、两年成邑、三年成都"生动描绘了成都城市空间开发与演化历程。从理论上溯源，则可追及区位论，后来又形成增长极理论、点轴系统理论、空间结构演变理论等。

杜能（Thünen，1826）的农业区位论构建起以城市为中心，不同地段种植不同作物的圈层结构。工业革命后，韦伯（Weber，1909）通过分析运输成本、工资成本、集聚因素相互作用的结果，运用"等运费曲线"寻找工业企业的最佳区位。随着社会分工深化发展和市场规模扩大，市场成为影响经济活动尤其是商业区位选择的新的决定性因素。克里斯塔勒（Christaller，1933）提出中心地理论，认为市场竞争的结果将使得商业聚集中心地的腹地逐渐演变成正六边形，提供了城市空间组织和布局最优化的城镇体系方案。中心地理论后经廖什（Losch，1939）等进一步完善，提出企业的区位优势还要受到消费者、供应者的影响，并最终得出与克里斯泰勒类似的"蜂巢"城市网络体系。保罗·克鲁格曼（Krugman，1991）的新经济地理论则通过模型说明为实现规模经济而使运输成本最小化，运输成本的减少会引发聚集经济、外部性、规模经济等问题，产业的区位选择依赖于要素密集度和运输密集度等因素[①]。尽管因现实基础与历史背景差异，特别是当前科技快速发展与运输方式变革，理论本身的实践意义并不大，但这些理论提供了经济活动区位选择的基本准则，对城市群资源要素优化配置和优化城市空间布局具有指导价值。

增长极理论由法国经济学家弗朗索瓦·佩鲁（Peorrux，1950）首先提出。他将一些特定的推进型产业或企业视为经济增长点或增长极，指出"增长并非同时出现在所有的地方。它以不同的强度首先出现于一些增长点和增长极上，然后通过不同渠道向外扩散，并对整个经济产生不同的终极影响"。后来，布代维尔（J. B. Boudeville）和艾萨德（W. Isard）等将增长极概念逐步推

---

① 刘乃全. 区域经济理论的新发展 [J]. 外国经济与管理，2000，22（9）：17-21.

广到具体地理空间。缪尔达尔（Gunnar Myrdal）、赫希曼（A. O. Hischman）等进一步丰富和发展了增长极理论。由于经济增长具有非均衡性，大城市会首先发展成为增长极，而具有增长极地位的城市又从周围城市集聚更多资本、人才、技术等生产要素，产生极化效应。同时，增长极通过自身的发展，对周边城市发挥带动与辐射作用，即扩散效应。

在增长极开发模式基础上，我国学者陆大道（1986，1987）提出并系统阐述了点轴开发理论，把国民经济看成是由点、轴组成的空间组织形式。经济活动，特别是产业首先集中在少数条件较好的城市或地区，呈现点状分布，即形成增长极，进而连接点与点的交通线、动力线、通信线等轴线，点轴贯通，从而形成点轴系统。按照点轴开发模式，发展轴及轴上中心城市发展方向和服务区域明确，较高级中心城市和发展轴影响较大区域，随着区域经济实力不断增强，发展轴线逐步向较不发达地区延伸，发展重点逐步由较高级别的点轴向较低级别的点轴扩散。中心城市向外扩散运动随着距离延伸，形成汇集有较多中心点的主轴，进一步促进增长极发展。在点轴系统理论基础上，魏后凯（1988）提出并系统阐述了网络开发模式，认为区域经济发展一般遵循由"点"及"线"至"面"的开发模式，具有相应的空间组织结构特征。

弗里德曼的城市空间结构演变理论是以他的"核心—边缘"理论为基础形成的。他将城市发展划分为前工业化、工业化初期、工业化成熟时期和工业化后期四个阶段，刻画了每个阶段相应的城市空间特点，揭示了经济增长对城市空间结构形成与演化的动态过程。城市空间开发理论表明，城市群空间组织是一个由低级至高级的动态演化过程，城市群经济一体化发展应顺应城市群空间组织演化规律，有序推进城市群空间一体化。

四、区域经济一体化理论

区域经济一体化理论起源于20世纪中期的欧美国家，主要包括关税同盟理论和大市场理论。所谓关税同盟，是指两个或两个以上国家缔结协定，建立统一的关境，在统一关境内，缔约国相互减让或取消关税，对从关境外的商品进口实行相同的关税和外贸政策。它是经济一体化的组织形式之一。这种自由贸易和保护贸易相结合的结构，使关税同盟对整个世界经济福利的影响呈现贸易创造和贸易转移并存的双重性。大市场理论是以西托夫斯基和德纽等为代表的学者从动态角度来研究区域经济一体化所取得的经济效应。该理论认为，通过建立共同市场，使国内市场向统一的大市场延伸，将产生两大效益。共同市场的建立将比较分散的生产集中起来进行规模化的大生产，从而使生产更加专业化、社会化。生产专业化将导致生产成本下降及销售价格下降，体现为居民购买力增强和生活水平提高，从而进一步促进消费和投资的增加。20世纪80年代后期，伴随着区域经济一体化全球蔓延，兴起了"新区域主义"（the New Regionalism）。新区域主义是区域经济合作理论及其实践的总称，涵盖经济、社会、文化等多个层面，其核心理念是强调区域间的合作，目的是实现区域经济协调发展和区域经济一体化。

以区域经济一体化理论为指导，城市群经济一体化应建立类似关税同盟统一的经济政策，打破城市区域壁垒，通过约定或签订协议等方式，甚至建立统一组织机构并由该机构制定和实施经济政策，逐步实现城市群内一体化的经济政策。同时，应建立共同的大市场，实现区域市场一体化，消除货物与生产要素跨行政区划自由流动障碍，提供更大容量的市场，优化资源配置，促使企业生产更加专业化和规模化，使经济一体化各区域获取最大利益。

第三节　研究框架

城市群经济一体化发展，其本质是实现经济发展。按照理论分析与实践分析相结合的思维逻辑，基于基本范畴界定、相关研究综述，并结合国内外成熟城市群的发展实践可以发现，城市群经济一体化发展都是各城市战略共识的产物，以空间格局、产业发展、区域市场为不同层次的表现形式，以战略共识和机制完善为重要支撑。基于此，本书探索性地从战略共识、空间格局、产业发展、区域市场和机制协同五个方面构建成渝城市群经济一体化发展的研究框架（见图2-4）。

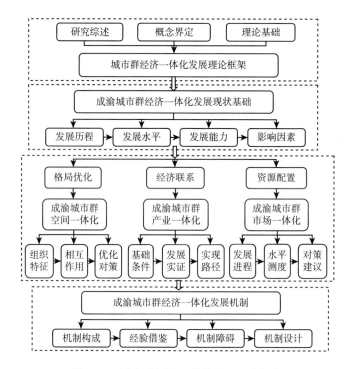

图 2 - 4　城市群经济一体化发展研究框架

　　同时，充分考虑城市群与经济区的差异性，立足城市群特定发展基础和功能属性，本书以成渝城市群为研究对象，以经济一体化发展为主线，以宏观层面空间一体化—中观层面产业一体化—微观层面市场一体化三个层次、三个维度递进为分析逻辑，对成渝城市群经济一体化发展展开探索研究。其中，基于战略共识的区域合作历程、经济发展现状和经济一体化发展能力是城市群经济一体化发展的现状基础，也是本书研究的现实基础。依托综合交通等演化形成的城市群一体化空间布局决定着资源均衡配置和城市群功能，城市群资源要素优化配置实现的产业一体化发展是城市群经济一体化的核心内容，实现区域市场一体化是城市群产品与要素自由流动，实现贸易一体化、要素一体化的基本前提。三者构成渝城市群经济一体化发展的主体内容。而贯穿城市群经济一体化发展全过程的机制协同是重要制度保障。

第三章 成渝城市群经济一体化发展的现实条件

重庆市在成为直辖市后，成渝城市群由省域内城市群演变为跨行政区城市群。受改革开放、分税制改革等多种因素影响，各城市纷纷立足自身来制定新的发展战略，导致城际战略缺乏统筹衔接，城市间原本分工合作、优势明显、协同互动的发展格局逐步演变为各自为政、竞争为主、产业趋同的分割状态，在一定程度上制约了经济一体化进程。川渝两地较早就意识到"分家"会导致合作发展困境，因此政府与社会各界积极探索以打破行政区划与体制机制障碍，特别是国家层面对成渝地区发展作出系列部署，各城市在战略取向上逐步达成加强合作和一体化发展共识。基于战略取向一体化指导的发展实践，成渝城市群经济一体化发展不断取得阶段性成果。梳理和分析成渝城市群经济一体化发展历程、发展特征和发展能力等现状条件，既是判断坚持成渝城市群战略一体化的重要依据，也是进一步研究成渝城市群经济一体化实现路径的现实基础。

第一节 成渝城市群经济一体化发展的历程

新中国成立以来，成渝城市群经济一体化经历了漫长的缓慢发展阶段，进入 21 世纪后，随着成渝经济区的战略地位不断提升，特别是成渝城市群和成渝地区双城经济圈建设加快，经济一体化进程加速，呈现出明显的阶段性特征。

判断城市群经济一体化发展阶段，需要有科学的阶段划分标准。诺瑟姆 S 曲线体现了城市发展与城市化的共性规律，基于城市群单个城市发展和多个城市间相互联系，可以构建"3S 曲线"分析框架，研究城市、城市群和城市群经济一体化的演进过程与互动关系。城市化呈现出城镇人口占比低于30%时缓慢发展，达到30%～70%时加速发展，超过70%后发展速度降低的规律；城市群沿着"城市→都市区→都市圈→城市群（大都市圈）→都市连绵区（大都市带）"的时空主线演进；城市群经济一体化演进过程大致经历了准备一体化、局部一体化、加速一体化、一体化成熟和持续完善等发展阶段（见图3-1）。由于城市群形成和发展的基础存在差异，同时其发展过程受多种内外因素影响，并非所有城市群经济一体化都严格沿着此轨迹演进，即可能存在"跳跃"，或多种经济一体化特征同时出现而难于明显分清城市群经济一体化的具体阶段。

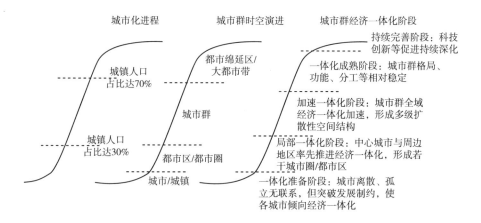

图3-1　城市群经济一体化演进阶段分析框架

一、一体化准备阶段

城市发展史表明，脱离于农业社会最早形成的城镇几乎都是孤立分散的，无等级体系，处于低水平均衡发展状态。尽管城市间存在交流沟通，但由于交通方式比较原始单一，彼此间跨越山川河流进行交流的阻碍较大，因而经济往来与联系极少，城市间不存在明显的分工合作，各城市承担多种职能，且辐射范围局限在城市周边空间范围内。

自1949年中华人民共和国成立以来，国家大力恢复经济生产，成渝地区在稳定的环境和国家总体规划部署下快速发展，工业经济迅猛发展。尤其是"三线"建设时期，巨额资金、重大项目、众多企业、大量工人、优秀干部、知识分子等转移到四川，先后建成了成昆、襄渝等铁路干支线和大批工厂、企业及科研机构，培育了电子、重型机械、核工业、兵器制造与汽车制造等特色工业优势，壮大了重庆、成都、自贡、绵阳、德阳等大批城市，城市地区经济发展不仅在量上有巨大增长，而且初步实现了以工业为主导的经济发展模式转型。同时，城市在发展中逐步开始分化：重庆和成都经济中心地位更加突出；其余城市规模相对较小，且由于人口流动限制政策，城市规模扩大和城市化水平提高困难，各城市主要根据行政指令而分工合作，加之受空间距离远、合作机制不健全等因素影响，处于缺乏协同发展状态，严重制约了成渝城市群经济一体化进程。因而，这一阶段成渝地区尚未达到城市群的要求和标准，城市间合作机制不健全，加上交通基础设施仍缺乏，城市仍处于相对独立的封闭发展状态。

尽管如此，各城市均表现出向外缘地区扩散、向远郊区延伸、与其他城市建立商贸往来关系的欲望和倾向。这种倾向即潜在的有效需求，是城市间建立经济联系、实现分工合作、开展商贸往来的基本前提，在交通基础设施进一步完善的条件下则将变为现实。直到改革开放后，四川的交通基础设施进一步改善，尤其是成渝高速建成通车，成为成渝城市间构建新的经济联系的重要影响因素。遵循地理空间发展适应性选择规律，按照非均衡区域发展思想，四川采取了一系列政策，推动条件较好地区加快发展起来。成都平原地区、川南和三峡工程区域等受到高度重视而率先发展起来。重庆、成都、川南、成渝沿线等条件较好的区域城镇化进程明显加快，城镇化水平进一步提高，形成城市发展新格局。以成都、重庆为经济中心，沿宝成—成昆铁路和沿成渝高速公路城镇集聚带为发展轴，以及川南、三峡库区等城镇密集区为补充的成渝城市群正在形成。成渝间及成渝沿线城市经济联系更加紧密，城市间企业、资金、人才、技术等流动加速，推进城市群经济一体化进入新阶段。

二、局部一体化阶段

随着工业化进程加快和生产力水平提高，劳动专业化分工和工业大规模生产创造了良好的物质条件，铁路网等交通基础设施持续完善，城市向外扩张、与邻近城市建立经济联系的倾向进一步强烈。重庆市成为直辖市后，成渝城市群从省内城市群演变为跨行政区城市群，行政区划导致经济区域分割问题日渐突出，分工合作与协调发展逐渐成为关注焦点。学术界对推进川渝合作、建立成渝经济区等的研究达到了空前的热度和深度。川渝政府间通过签订合作协议、组织召开合作会议、举办合作论坛与峰会、建立协调机制等，努力从经济区域视角共谋发展道路。2001 年成都和重庆签订《重庆—成都经济合作会谈纪要》，提出携手打造"成渝经济走廊"。林凌、廖元和等专家学者完成了国家发展和改革委员会课题《成渝经济区发展思路研究》，成渝经济区概念得到普遍认可与正式使用。

此后，各方力量积极突破"分家"后的行政壁垒制约，推进多领域、多层次的对接和协作，促进成渝地区区域合作从研究探索转化为实际行动。2004年川渝两地签署《关于加强川渝经济社会领域合作共谋长江上游经济区发展的框架协议》和交通、旅游、农业等六项具体协议，标志着川渝竞争合作关系进入新的历史阶段，成渝城市群经济一体化发展效应初步显现。随后几年又签署了省市间、毗邻地区间和交通、旅游、工业等部门间大量的合作协议。其中，四川省政府专门出台指导意见，提出重点建设"一极一轴一区块"①，要求达州、广安、泸州、资阳、内江、遂宁等城市主动接受重庆辐射，提升配套发展能力。通过签订合作协议、召开合作会议、举办合作论坛、建立协调机制等方式，积极推进基础设施、产业发展、空间协调等方面的对接，成渝经济区协同发展态势良好。据不完全统计，2001 ~ 2007 年间，重庆在四川投资额达百亿元，居全国各省市在川投资额第 2 位，四川有 23 万人、11 个城市参与以重庆为龙头的重庆经济协作区，川渝两地企业进入彼此辖区拓展发展空间的速度不断加快②。

因破除行政壁垒方面难以取得重大进展，成渝城市群经济一体化发展难有实质性突破，城市间经济联系的范围仍局限于中心城市间、中心城市与周边城市间等有限的地域空间范围内，因而是局部的。其经济联系更多是基于产业分工的商品和服务贸易，资金、人才等要素流动和技术合作等高层次的经济活动少，因而是初级的。工业化进程中的各城市间经济"竞赛"促使

---

① "一极"，即成都都市圈增长极；"一轴"，即成渝通道发展轴；"一区块"，即环渝腹地区块。

② 刘世庆. 成渝经济区建设研究——川渝毗邻地区的发展差距与合作策略 [J]. 经济体制改革，2008（1）：137 – 141.

加快完善交通基础设施，进一步拓展经济联系密切地区的空间范围，丰富城际经济联系的内容，促使城市群进入新的发展阶段，因而该阶段具有过渡性质。

三、加速一体化阶段

为破解一体化发展难题，早在 2007 年川渝两地就联合请示国家发展和改革委员会编制成渝经济区发展规划，从国家层面统筹推进成渝地区发展。2011年 3 月，国务院常务会议讨论并原则通过《成渝经济区区域规划》，对成渝经济区经济社会发展做出详细战略谋划，明确要打造形成"双核五带"空间格局，创新区域合作体制机制和模式，努力削弱行政区划壁垒制约。随后，国家发展和改革委员会批准设立川渝合作示范区（广安片区），作为川渝一体化发展的重要支撑，促进川渝毗邻地区发展和成渝经济区协同发展。但实际情况是，川渝两地存在明显的"竞争大于合作"的情况，这主要是因为川渝几乎处于相同的要素集聚、转型突破发展阶段，2014 年重庆"一小时经济圈"和成都市城镇化率均达到 70%，人均 GDP 分别为 9507 美元、11450 美元，[①] 达到或接近领先地区加速集聚和集中发展阶段，因而双方在招商引资、政策争取等方面展开激烈竞争。尽管可能存在区域竞争与同质发展等问题，但受成渝高铁开通运营等交通基础设施持续完善和运输能力不断增强等因素影响，城市间时空距离大幅缩短，中心城市辐射带动作用逐步增强，总体上分工合作态势正在形成，各城市致力培育各具特色的产业体系，产业集中布局与人口集中居住的城市化进程加速，形成以重庆、成都两大中心城市为核心的都市圈，成渝经济区逐步从单个城市增长演变为城市带发展，城市间经济联系更加紧密。

为适应成渝城市群"双核"带动与不同规模城市和谐共生发展的需要，特别是针对城市一体化发展机制不健全、高端发展平台建设竞争大于合作、次级城市发育不足等问题，2014 年 9 月《国务院关于依托黄金水道推动长江经济带发展的指导意见》明确部署促进成渝城市群一体化发展，2016 年 3月国务院审议通过《成渝城市群发展规划》，强调要努力实现更加完善的区

---

① 数据来源：根据《重庆统计年鉴》《四川统计年鉴》整理计算。

域协同发展的体制机制，基本消除阻碍生产要素自由流动的行政壁垒和体制机制障碍。此后，川渝两地政府和社会各界积极行动，川渝城际合作取得实质性进展。据不完全统计，截至 2020 年末，川渝两地各级政府间已签订各类协议上百份，重点围绕基础设施、区域市场、产业、公共服务、生态环境等领域，构建合作发展机制。市场成为推动协同发展的重要主体，成渝地区医药巨头科伦、恩威和太极共同组建中药公司，推动中医药协同发展；中国移动、电信和联通推动通信率先实现同城化；在全国率先取消高速公路省界收费站。

正是因为《成渝经济区规划》《成渝城市群发展规划》先后获批，从更高层面统筹推进成渝城市群发展，逐步将推进成渝城市群一体化发展战略意图转化为系列顶层设计、搭建合作平台、健全体制机制和协调政府政策等，加速探索生产要素跨区流动和合理配置的路径策略，创新区域合作体制机制和模式，有力地削弱了行政区划壁垒制约，加之成渝地区动车、高铁的建成开通，高速公路网络逐步完善，成渝城市群经济一体化加速发展。2018 年，重庆主城都市圈和成都市城镇化率均超过 70%，人均 GDP 分别达到 11765 美元、14323 美元，[①]"双核"集聚态势将进入中速甚至低速增长阶段，同时向周边和其他城市发挥辐射带动作用的扩散效应逐步增强，将促使成渝城市群经济一体化进入新的阶段。

四、一体化成熟阶段

在推动形成优势互补高质量发展区域经济布局的背景下，2020 年初中央财经委员会第六次会议专题研究了推动成渝地区双城经济圈建设问题，旨在建设能带动全国高质量发展的重要增长极和新动力源。2020 年 3 月，推动成渝地区双城经济圈建设四川重庆党政联席会议第一次会议召开，四川和重庆两省市共同研究确定了推动成渝地区双城经济圈建设工作方案、推动成渝地区双城经济圈建设工作机制和 2020 年重点任务等。成渝地区双城经济圈高质量发展是在精准把脉成渝地区阶段性特征基础上的科学决策，更加聚焦中心功能和经济联系及整体效应，其核心在于破解发展不平衡不充分问

---

① 数据来源：根据《重庆统计年鉴—2019》《四川统计年鉴—2019》整理计算。

题，因而必须坚持系统观念、推进系统工程，牢固树立一体化发展理念，加强顶层设计和统筹协调。为深入贯彻落实新发展理念、适应社会主要矛盾变化，中央对成渝地区发展进行了系统部署，包括牢固树立一体化发展理念，健全协同合作机制；突出重庆、成都两个中心城市的协同带动，唱好"双城记"；处理好中心城市和周边区域关系，打造一体化发展都市圈；构建产业、人口及各类要素协同发展的现代经济体系，建设具有全国影响力的重要经济中心等。

2021 年 10 月，中共中央、国务院印发《成渝地区双城经济圈建设规划纲要》，明确提出到 2025 年实现一体化发展水平明显提高目标，规划通过三个五年计划，到 2035 年建设实力雄厚、特色鲜明的双核经济圈。规划既延续和深化了 2011 年《成渝经济区区域规划》和 2016 年《成渝城市群发展规划》的战略任务，又从空间格局、产业发展、区域市场、科技创新、生态环境等方面作出一体化发展系统部署，从根本上为重庆和成都"相向"发展、重庆都市圈和成都都市圈互动、毗邻地区一体化发展提供了根本遵循和重要指引。加快建设双城经济圈开启了成渝城市群建设中国第四极新征程，应立足建成带动全国高质量发展的重要增长极，全方位推进成渝合体，使成渝城市群一体化发展的理念、任务、机制和内容进一步走深走实。

事实上，伴随着信息技术的迅猛发展和贸易条件的改进，经济全球化与区域一体化趋势及资本与技术迅速扩张深刻影响着城市经济发展，产业价值链各个环节被分解到全球不同区域。成渝城市群以电子信息、通信技术、装备制造等为核心的高科技工业成为最具潜力和发展速度最快的产业，而与之相适应的银行、投资、保险、商务服务等对信息技术依赖程度较大的产业快速发展并成为经济主体。成渝城市群为提升全球竞争能力，政府与市场共同作用，城际交流沟通的基础设施和信息网络持续改善，并加速各类生产要素和商品在城市群内自由流动，城市群越来越多地体现为各种"流"的空间，这将使城市群功能定位清晰，产业分工明确，合作更加紧密。城市群内产业的分工与合作将逐步发展为部门内产品分工，进而不断深化产业链、价值链、技术链等不同环节与领域分工，经济一体化逐步进入相对稳定性阶段，城市群经济一体化的地理空间"广度"和任务内容"丰度"不断深化拓展。

第二节　成渝城市群与国内主要城市群的比较

我国存在多个不同类型、不同发育程度的城市群，其中长三角、珠三角、京津冀、长江中游和成渝是重点建设的五大国家级城市群。比较而言，成渝城市群因地处西部、发展相对滞后而表现出诸多差异性和特殊性，这既是成渝城市群经济一体化发展的重要基础，又是成渝城市群经济一体化发展差别化实现路径选择的先决条件。

一、具有典型的"双核"结构特征

2018 年，成渝城市群常住人口达到 9616 万人[①]，人口集聚规模在五大城市群中高于珠三角城市群，城镇密度达到 113 个/万平方公里，远高于西部地区（12 个/万平方公里）和全国（23 个/万平方公里）水平[②]，甚至媲美长三角城市群城镇分布密度。但人口密度、城镇化水平与东部城市群存在明显差距，常住人口城镇化率比珠三角城市群低 27 个百分点，仍处于快速城镇化阶段。

从城镇体系来看，按照《国务院关于调整城市规模划分标准的通知》的界定标准，成渝城市群拥有 2 个超大城市，14 个 II 型大城市，8 个中等城市和一批特色中小城市。统计数据显示，2018 年末，重庆主城区都市圈和成都的常住人口达到 2009 万人和 1633 万人，分别是位列第三的南充的人口（644 万人）的 3.1 倍和 2.5 倍，实现地区生产总值分别为 15566 亿元和 15342 亿元，分别是位列第三的绵阳的地区生产总值（2303 亿元）的 6.7 倍和 6.6 倍[③]。比较而言，京津冀城市群中京津两地的人口和经济规模悬殊。2018 年末，北京常住人口 2154.2 万人，实现地区生产总值 30320 亿元，较天津（1559 万人、18809 亿元）具有明显的领先优势，加之首都功能加持，奠定了北京的城市群核心地位。长三角城市群中，上海的核心城市地位突出。2018 年，上海实现

---

①③　数据来源：根据《重庆统计年鉴—2019》《四川统计年鉴—2019》整理计算。
②　数据来源：《成渝城市群发展规划》。

地区生产总值 32679 亿元，常住人口 2423 万人，分别是杭州的 2.4 倍和 2.5 倍。[①] 比较而言，成渝城市群具有典型的重庆主城区和成都"双核"结构，拥有两个带动城市群发展的"火车头"，在一定程度上形成比较优势。

在城市体系中，成渝城市群长期缺乏城区常住人口超过 500 万人的特大城市和 300 万~500 万人的 I 型大城市。与长三角城市群拥有 1 座超大城市、1 座特大城市、13 座大城市、9 座中等城市、42 座小城市和各具特色的小城镇星罗棋布的完备的城镇体系相比，成渝城市群的城镇体系的缺陷导致人口与经济活动不能有效地在次级中心城市梯度集聚，而是极核式聚集发展，这进一步加剧了城市群内经济发展的不平衡性，同时具有典型的中心—边缘特征。

从城镇发展模式看，四川和重庆长期实行非均衡区域开发战略，分别将成都和重庆作为中心城市进行建设，政府政策与项目投资的倾斜导致成都和重庆集聚能力增强、聚集规模不断扩大，与其他城市之间的差距越来越大，"双核"结构更加明显。此外，由于行政区划原因，曾经一度四川与重庆之间的交流合作减少，两省市发展重点发生转移，成渝中部地区被边缘化，导致明显的"凹"字形空间结构[②]，形成严重的"中部塌陷"问题。

二、经济一体化发展起步较晚

比较而言，东部沿海京津冀、长三角和珠三角三大城市群经济一体化发展起步最早。1982 年，北京首次编制城市规划时就提出"首都经济圈"概念。1986 年，提出环渤海区域合作，并设立环渤海经济联合市长联席会。2001 年，提出京津冀一体化发展构想。2004 年，国家发展和改革委员会组织召开京津冀区域经济发展战略研讨会，正式确定京津冀经济一体化发展思路。进入新时代，京津冀协同发展在我国区域发展战略实施中处于先行地位。2014 年，以习近平同志为核心的党中央谋划推动京津冀协同发展，并将其与"一带一路"建设、长江经济带发展并列作为我国区域发展三大战略。

长三角一体化发展同样可追溯到 1982 年，时任国家领导提出要"以上海

---

① 数据来源：根据 2019 年北京、天津、上海、杭州公布的国民经济和社会发展统计公报整理计算。

② 杨晓波，孙继琼. 成渝经济区次级中心双城一体化构建——基于共生理论的视角 [J]. 财经科学，2014（4）：91-99.

为中心建设长三角经济区"。1992年，提出长三角城市群概念，同时建立长江三角洲14个城市协作办主任联席会议制度，后改为长三角城市经济协调会。2010年，国家发展和改革委员会发布我国首个跨行政区区域发展规划《长江三角洲地区区域规划》，明确指出长江三角洲要在一体化发展方面走在全国前列。2016年，国务院发布《长江三角洲城市群发展规划》，要求上海、江苏、浙江和安徽联手打造具有全球影响力的世界级城市群。2019年，中共中央、国务院印发《长江三角洲区域一体化发展规划纲要》，将长三角一体化发展上升为国家战略，是我国首次紧扣"一体化"关键词对城市群发展进行规划，明确了要树立"一体化"意识和"一盘棋"思想，推动长三角城市群一体化高质量发展迈向新阶段。

20世纪90年代，由于全球资本进入与扩张，市场驱动推动珠三角东西两岸城镇不断拓展连绵。1994年广东省正式设立珠三角经济区，1996年《珠江三角洲经济区经济社会发展规划》《珠江三角洲经济区城镇群规划》等出台，珠三角城市群进入政府主导下的经济一体化阶段。进入新时代，我国对珠三角城市群发展谋划拓展到大湾区，印发了《粤港澳大湾区发展规划纲要》，促进珠三角巩固提升深化开放合作优势。

相比而言，直到2004年，成渝地区才开始建立成渝城市群经济一体化合作机制，且主要由地方政府推动，在起步阶段缺乏国家层面的战略和政策支持。可见，成渝城市群经济一体化发展起步较晚，与东部沿海三大城市群存在巨大的差距，错失了在我国改革开放浪潮中推进城市和城市群经济一体化快速发展的重要政策机遇期。

在市场化、全球化、城市化背景下，东部地区城市群抢抓发展机遇，提供了经济迅速发展的动力机制，推动城市群经济一体化率先发展。开放发展是长三角城市群形成和经济一体化的重要动力，市场在资源配置中起着决定性作用，完善的政府合作机制保障有力，各城市功能定位和产业分工不断深化，形成各地优势突出、分工合作的良好发展格局。同样，受外资导向的工业化模式和城市化模式驱动，加上民间资本的发展壮大，珠三角城市群迅速发展，各城市充分发挥比较优势，相互分工合作，形成特色明显的产业"板块"特征，城市群经济一体化达到新的阶段。可见，长三角和珠三角城市群经济一体化由政府主导下被动推进转变成市场推动下自发深化，已经成为其经济提升发展的新动力。比较而言，成渝城市群经济一体化缺乏动力，合作机制尚不健全，产业同质化严重，竞争大于合作，没有形成分工合作格局。

三、经济发展水平相对滞后

成渝城市群地处西部内陆，自然地理与区位条件存在比较劣势，且受东部优先非均衡发展政策导向影响，改革开放后与东部沿海先发地区经济发展之间存在较大差距。整理《中国统计年鉴》及各省市统计年鉴等数据可知，2018年，成渝城市群实现地区生产总值5.59万亿元，占全国GDP的6.2%，在五大城市群中排名末位，仅相当于京津冀、珠三角、长江中游城市群地区生产总值的2/3左右，不足长三角城市群的1/3。人均地区生产总值5.81万元，同样排名末位，仅为珠三角城市群的45%，长三角城市群的1/2，与京津冀和长江中游城市群也存在较大差距（见表3-1）。

表3-1　　　　　　　　2018年我国五大城市群基本情况的比较

指标	长三角 城市群	珠三角 城市群	京津冀 城市群	长江中游 城市群	成渝 城市群
面积（万平方公里）	21.17	5.60	21.60	31.70	18.50
常住人口（万人）	15401.40	6300.99	11270.00	13014.40	9616.00
城镇化率（%）	72.10	85.90	65.90	59.90	58.60
人口密度（人/平方公里）	727.00	1125.00	521.00	411.00	463.00
地区生产总值（万亿元）	17.90	8.10	8.51	8.53	5.59
占全国GDP比重（%）	19.90	9.00	9.50	9.50	6.20
人均地区生产总值（万元）	11.60	13.02	7.55	6.56	5.81
三次产业结构	3.0：42.7： 54.3	1.5：41.2： 57.3	4.3：34.4： 61.3	7.8：45.4： 46.8	8.4：43.4： 48.2

数据来源：根据《中国统计年鉴—2019》，上海、浙江、江苏、广东、湖北、湖南、四川、重庆等省市2019年的统计年鉴和江西各市2018年国民经济社会发展统计公报整理。

从产业结构看，成渝城市群产业结构与长江中游城市群相似，均为低水平的"三二一"结构，与其余三大城市群相比，具有明显的重型化特征，第二产业占比约45%，第三产业占比低于50%，而第一产业占比高达8%左右。在长三角城市群，上海基本建成国际经济、金融、贸易、航运中心，工业战略性新兴产业总产值占规模以上工业总产值比重提高到 40%；在珠三角城市群，深圳的 5G、人工智能、区块链等新兴产业发展走在全国前列，先进制造业增加值占规模以上工业增加值比重超过 70%；京津冀城市群的国家高新技术企业达到 2.9 万家，独角兽企业 93 家、数量居世界城市首位。与之相比，成渝城市群的重庆和成都重点发展电子信息、汽车制造、装备制造、生物医药等产业，产业发展层次相对较低。此外，成渝城市群在交通网络、对外开放、市场体系等方面也与长三角、珠三角和京津冀城市群存在一定差距。

不难发现，成渝城市群是在经济水平相对落后和城镇化率较低的基础上推进经济一体化发展，产业发展对要素资源的配置能力与效率、人口集聚与城市空间格局优化等都存在较大提升空间，但同时城市群经济一体化发展面临着相对更多的困难和更大的难度。

四、发展定位与目标任务差异

改革开放以来，我国五大城市群发展形势持续向好，同时区域发展形势出现了诸如区域发展分化、发展动力极化、部分区域发展困难等新情况和新问题。新形势下，促进区域协调发展，推动形成优势互补、高质量发展的区域经济布局，既要发挥各地区比较优势，增强中心城市和城市群等经济发展优势区域的经济和人口承载能力，又要促进各类要素合理流动和高效集聚，促进城市群间协调互通，推动在高质量发展中促进共同富裕。

由于各城市群发展比较优势和发展基础的差异，其功能定位存在较为显著的差异（见表 3－2）。长三角城市群是全球六大城市群之一，也是我国经济最具活力、开放程度最高、创新能力最强、吸纳外来人口最多的区域，在国家现代化建设大局和全方位开放格局中具有举足轻重的战略地位。因此，长三角城市群既要发挥对全国经济社会发展的重要支撑和引领作用，进一步强化其在制度创新、科技进步、产业升级、全方位开放、绿色发展等方面走在全国前列的优势，更要主动肩负面向世界的时代使命，参与更高层次的国际合作和竞争，建成具有全球影响力的世界级城市群。

京津冀协同发展已上升为重大国家战略。长期以来，京津冀城市群面临着北京的"大城市病"、京津同质竞争、河北与京津发展差距大等不协同问题，在一定程度上制约着整体功能发挥和综合实力提升。因而，京津冀协同发展的核心是有序疏解北京非首都功能，着力在交通一体化、生态环境保护、产业升级转移等重点领域率先取得突破，调整经济结构和空间结构，探索出人口经济密集地区优化开发、内涵集约发展的新路子，建成具有较强国际竞争力和影响力的城市群，形成新增长极。

表 3 – 2　　　　　　　　　　　我国五大城市群功能定位情况

城市群	战略定位	发展定位
长三角城市群	面向全球、辐射亚太、引领全国的世界级城市群	最具经济活力的资源配置中心、具有全球影响力的科技创新高地、全球重要的现代服务业和先进制造业中心、亚太地区重要国际门户、全国新一轮改革开放排头兵、美丽中国建设示范区
京津冀城市群	具有较强国际竞争力和影响力的城市群	以首都为核心的世界级城市群、区域整体协同发展改革引领区、全国创新驱动经济增长新引擎、生态修复环境改善示范区
粤港澳大湾区	富有活力和国际竞争力的世界级城市群	充满活力的世界级城市群、具有全球影响力的国际科技创新中心、"一带一路"建设的重要支撑、内地与港澳深度合作示范区、宜居宜业宜游的优质生活圈
长江中游城市群	全国重要增长极和具有一定国际影响的城市群	中国经济新增长极、中西部新型城镇化先行、内陆开放合作示范区、"两型"社会建设引领区
成渝城市群	带动全国高质量发展的重要增长极和新的动力源	具有全国影响力的重要经济中心、科技创新中心、改革开放新高地、高品质生活宜居地

资料来源：根据《长江三角洲城市群发展规划》《京津冀协同发展规划纲要》《粤港澳大湾区发展规划纲要》《长江中游城市群发展规划》《成渝地区双城经济圈建设规划纲要》整理。

粤港澳大湾区是我国开放程度最高、经济活力最强的区域之一，拥有港澳作为自由开放经济体和广东作为改革开放排头兵的优势，未来城市群发展的重点任务包括持续深化改革、扩大开放，以及探索推动"一国两制"发展的新实践，构建经济高质量发展的体制机制，建设富有活力和国际竞争力的世界级城市群。长江中游城市群承东启西、连南接北，是长江经济带的重要组成部分，其首要任务是建成长江经济带的重要支撑。

成渝城市群是我国西部人口最密集、产业基础最雄厚、创新能力最强、市场空间最广阔、开放程度最高的区域，长期以来发挥着引领西部地区开发开放的作用。站在新的更高起点上谋划建设社会主义现代化，就必须要在沿海以外的区域寻求具有较强支撑能力和发展潜力的区域，作为具有全局带动作用的新的增长极（林毅夫，2021）。成渝城市群发展既是形成优势互补、高质量发展区域经济布局的重大战略支撑，也是构建以国内大循环为主体、国内国际双循环相互促进新发展格局的重大举措。随着成渝地区双城经济圈上升为国家战略，成渝城市群发展不应再仅面向引领西部地区的发展，而要主动肩负带动全国高质量发展的新功能使命，加快建设具有全国影响力的重要经济中心、科技创新中心、改革开放新高地、高品质生活宜居地。

第三节　成渝城市群经济一体化发展能力分析

城市群经济一体化发展是不同城市为共同利益而实现整体经济发展，既独立于城市自身经济发展，又与各城市经济发展紧密相关。基于城际差异分析成渝城市群经济一体化发展能力，能在一定程度上反映与阐释各城市经济一体化发展现状，有利于发现经济一体化发展后发地区薄弱环节，研究促进城市群经济一体化发展的实现路径。

一、指标体系与数据来源

（一）指标体系

为系统而准确地评价城市群经济一体化发展能力，需要建立合理的评价指标体系和采取科学的评价方法。参考已有研究成果的指标选择，从城市群空间一体化、产业一体化和市场一体化三个层次，选择12个具体指标，构建成渝城市群经济一体化发展能力的评价指标体系（见表3-3）。

城市群空间一体化是长期以来城市群经济一体化发展在空间上呈现出的形态变化或者达到的某种状态，通常从城镇布局、交通网络、人口分布与经济活动聚散等"点、线、面"空间视角来表征，因而选择城镇化率、人口密度、公路密度等指标。

城市群产业一体化是城市群经济一体化发展的重点，既是城市群经济一体化发展取得的成果，又是城市群经济一体化深化发展的基础，因而从产业发展水平、发展效益、发展潜力三个维度，选择人均GDP，第二、三产业增加值占GDP的比重，进出口总值/GDP，科技支出占财政支出的比重，城镇居民人均可支配收入，单位GDP能耗等指标。单位GDP能耗为负向指标，即指标值越大，反映经济发展质量相对较低，经济一体化面临的制约增加。

表3-3　　　　　城市群经济一体化发展能力评价指标体系

目标层	控制层	指标层	权重	意义
城市群经济一体化能力	空间一体化	城镇化率（x_1,%）	0.312	城镇化发展阶段
		人口密度（x_2，人/平方公里）	0.400	人口要素集聚
		公路密度（x_3，公里/平方公里）	0.288	通道支撑条件
	产业一体化	人均GDP（x_4，元）	0.132	经济实力均衡度
		第二、三产业增加值占GDP的比重（x_5,%）	0.104	工业化发展水平
		进出口总值/GDP（x_6,%）	0.353	对外开放动力
		科技支出占财政支出的比重（x_7,%）	0.227	创新驱动力
		城镇居民人均可支配收入（x_8，元）	0.114	产业发展效益
		单位GDP能耗（x_9，吨标准煤/万元）	0.069	产业发展方式
	市场一体化	社会消费品零售总额（x_{10}，万元）	0.710	产品消费市场
		就业人数占总人数的比重（x_{11},%）	0.136	劳动力市场
		存贷款余额比（x_{12},%）	0.154	资本丰裕程度

城市群市场一体化，即城市群城市间产品与要素自由流动的载体或环境条件，是城市间人流、物流、信息流、技术流、资金流等的依托。基于成渝城市群发展阶段，重点考察产品市场、劳动力市场和资本市场，因而选择社会消费品零售总额、就业人数占总人数的比重、存贷款余额比等指标。

对于上述指标，既可以单独使用，从不同角度对各城市经济发展进行描述或反映，又可综合使用，对城市群经济一体化发展能力予以考量。

（二）范围界定与数据来源

由于数据可获取性，本书以成渝城市群16个地级以上城市为样本进行评价，其中重庆、绵阳、达州、雅安为市域数据，未扣除平武、北川、万源、天全、宝兴等不属于成渝城市群范畴的县（市）数据。相关数据来源于2011～2019年的《四川统计年鉴》和《重庆统计年鉴》以及各城市国民经济与社会发展统计公报。

二、数据处理与评价方法

根据赋权的方法不同，关于综合评价方法，可以分为主观赋权评价法和客观赋权评价法。根据研究需要，本书采用客观赋权法中的熵值法，通过指标观测值提供信息载量的大小来确定指标的权重。相比主观赋权法，熵值法能够更加客观地、准确地评价研究对象。为能够实现不同年份之间的比较，本书参考杨丽、孙之淳（2015）的做法，对熵值法进行改进，加入时间变量①，以增加赋权结果的合理性和可比性。加入时间变量的熵值法计算步骤如下：

第一步，对指标进行选取。设有 m 个年份，a 个城市，b 个指标，则 x_{tij} 为第 t 年城市 i 的第 j 个指标。

第二步，对指标进行标准化处理。由于不同的指标具有不同的单位和量纲，需要消除各指标数据间的量纲差别。以极差标准化法对指标进行处理，对于越大越好的指标，$x'_{tij} = \dfrac{x_{tij} - x_{min}}{x_{max} - x_{min}}$，对于越小越好的指标，$x'_{tij} = \dfrac{x_{max} - x_{tij}}{x_{max} - x_{min}}$。

第三步，计算第 t 年第 i 个城市第 j 项指标的比重：$p_{tij} = \dfrac{x'_{tij}}{\sum\limits_{t=0}^{m} \sum\limits_{i=0}^{a} x'_{tij}}$。

第四步，计算第 j 项指标的熵值：$e_j = -k \sum\limits_{t=0}^{m} \sum\limits_{i=0}^{a} p_{tij} \ln(p_{tij})$，其中，$k > 0$，$k = \ln(ma)$。

第五步，计算第 j 项指标的信息效用值：$g_j = 1 - e_j$。g_j 越大，代表指标越重要。

第六步，计算各指标的权重：$w_j = g_j / \sum g_j$。

第七步，计算各城市各项指标的综合得分：$s_{ti} = \sum w_j \times x'_{tij}$。

需要特别指出的是，研究计算出来的综合评价值只是反映发展能力高低趋势，即定量指标的值越大，则说明城市群经济一体化发展能力越高；反之，则说明该城市群经济一体化发展能力越低。

---

① 刘波，黄勤，杨理珍. 高质量发展背景下长江经济带"人—水—地"系统耦合协调效应评价[J]. 软科学，2021，35（5）：27－34.

三、成渝城市群经济一体化发展能力比较

根据上述方法进行数据处理，得到成渝城市群经济一体化发展能力及空间、产业、市场一体化发展能力和各城市经济一体化发展能力的结果。

（一）成渝城市群经济一体化发展能力分析

成渝城市群经济一体化发展能力整体不强，但呈持续上升趋势。2010～2018 年，成渝城市群经济一体化发展能力得分从 0.228 提升到 0.353，增长了 54.8%，但仍位于 0.4 以下水平，经济一体化发展的能力相对不足。从发展趋势看，在《成渝经济区区域规划》发布后至 2014 年之前，成渝城市群经济一体化发展能力保持快速上升，2014 年后增长有所放缓，2016 年《成渝城市群发展规划》出台后又进入新的加速提升阶段（见图 3 –2）。

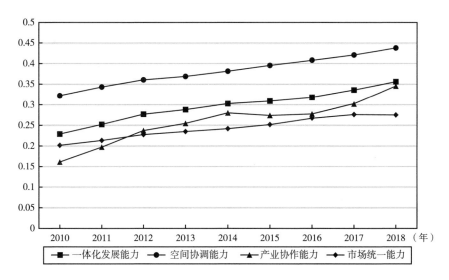

图 3 –2　2010～2018 年成渝城市群经济一体化发展能力

成渝城市群空间一体化发展能力强于产业一体化发展能力，市场一体化发展能力最弱。分领域看，2010～2018 年，成渝城市群空间一体化发展能力、产业一体化发展能力和市场一体化发展能力得分别从 0.321、0.162、0.201 提高到 0.438、0.346、0.275，分别增长了 36.5%、113.6%、36.7%。由于政府规划引导和政策调控，宏观层面的空间一体化发展能力指数在研究期内保

持最高水平，且远高于产业一体化发展能力与市场一体化发展能力。在微观层面上推进成渝市场一体化发展则面临种种困难，市场一体化发展能力指数提升缓慢，且指数从高于转变为低于产业一体化发展能力。与此同时，随着产业发展在城市群经济一体化中的地位提升，产业一体化发展能力指数呈现与成渝城市群经济一体发展化能力指数相似的阶段性快速提升趋势。

（二）成渝城市群各城市经济一体化发展能力分析

从发展水平看（见表3-4），成渝城市群各城市经济一体化发展能力整体不高，且城市间能力差距很大。2018年，仅成都、重庆、绵阳和德阳四个城市的经济一体化发展能力得分高于或等于成渝城市群经济一体化发展能力，其余12个城市均达不到平均水平，其中成都、重庆经济一体化发展能力得分达到0.794和0.66，而排名第三位的绵阳得分为0.373，不足成都的一半，仅占重庆的56%，排名最后的雅安的经济一体化发展能力得分仅0.194，不足成都的1/4、重庆的3/10。然而，城际发展差距呈现出缩小趋势，2010年排名首位的成都的得分是排名末位的雅安的5.97倍，到2018年这一差距缩小为4.09倍。

表3-4　　　2010~2018年成渝城市群各城市经济一体化发展能力变化

城市	2010年	2011年	2012年	2013年	2014年	2015年	2016年	2017年	2018年
重庆市	0.354	0.414	0.483	0.528	0.579	0.586	0.607	0.644	0.660
成都市	0.537	0.591	0.632	0.652	0.684	0.684	0.679	0.741	0.794
自贡市	0.281	0.295	0.315	0.327	0.337	0.341	0.323	0.331	0.345
泸州市	0.172	0.183	0.196	0.215	0.226	0.237	0.249	0.278	0.294
德阳市	0.264	0.291	0.308	0.325	0.344	0.336	0.331	0.339	0.353
绵阳市	0.180	0.209	0.236	0.257	0.276	0.270	0.274	0.289	0.373
遂宁市	0.216	0.231	0.248	0.251	0.259	0.271	0.278	0.288	0.301
内江市	0.253	0.256	0.268	0.265	0.274	0.287	0.292	0.315	0.332
乐山市	0.160	0.166	0.185	0.203	0.213	0.219	0.228	0.245	0.251
南充市	0.192	0.209	0.223	0.237	0.240	0.246	0.259	0.272	0.283
眉山市	0.176	0.191	0.203	0.212	0.225	0.234	0.249	0.261	0.273
宜宾市	0.201	0.226	0.243	0.248	0.257	0.268	0.277	0.288	0.300
广安市	0.218	0.237	0.262	0.270	0.280	0.295	0.305	0.314	0.329
达州市	0.155	0.172	0.190	0.200	0.208	0.217	0.227	0.233	0.239
雅安市	0.090	0.118	0.154	0.132	0.150	0.160	0.165	0.183	0.194
资阳市	0.197	0.227	0.245	0.259	0.267	0.266	0.330	0.315	0.325

从发展趋势看,成渝城市群各城市经济一体化发展能力持续提高,2010 ~ 2018 年雅安、绵阳的经济一体化发展能力得分分别提高了 115.6% 和 107.2%,其增速在成渝城市群各城市中排在前两位,重庆、泸州和资阳分别提高了 86.4%、70.9% 和 65%,多数城市均实现了 50% 左右的增长,但自贡和内江仅提高了 22.7% 和 31.2%,为增速最慢的两个城市。由于各城市 2010 年经济一体化发展能力得分基础的差异,因而能力得分增长幅度绝对值存在较大差距,重庆和成都经济一体化发展能力得分分别增加 0.306 和 0.257,居前两位,绵阳、资阳、泸州和雅安因增速较快,绝对值分别增加 0.193、0.128、0.122 和 0.104,自贡仅增加了 0.064,排名最后。

对比 2010 年与 2018 年的计算结果(见图 3 - 3)不难发现,成渝城市群各城市经济一体化发展能力均有不同程度的提高,但城际差异仍然较大,成都和重庆处于绝对领先的优势地位,具有最强的经济一体化发展倾向和能力,在成渝城市群经济一体化发展中具有支撑和引领作用。

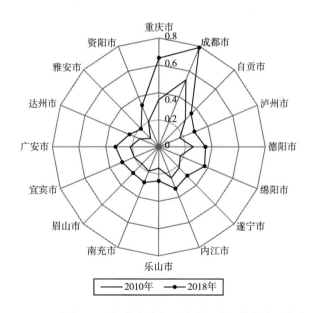

图 3 - 3 2010 年与 2018 年成渝城市群城市经济一体化发展能力比较

(三)成渝城市群城市经济一体化能力聚类分析

运用 SPSS 软件,综合成渝城市群内部城市经济一体化发展能力和各维度得分及排名情况，将成渝城市群各城市大体上分为三类（见表3-5）。

表3-5　　　　　　　　成渝城市群经济一体化发展能力分类结果

分类	城市
第一类	成都市、重庆市
第二类	绵阳市、自贡市、内江市、广安市
第三类	德阳市、遂宁市、宜宾市、南充市、泸州市、眉山市、乐山市、达州市、资阳市、雅安市

第一类：成都市、重庆市。城市经济一体化发展能力得分长期保持成渝城市群内最高水平，且空间、产业和市场一体化各维度发展能力得分均处于领先地位。比较而言，成都市在空间一体化和产业一体化能力方面的优势更加明显，而重庆市因直辖市体制灵活、长江港口航运等优势，其市场一体化能力更加突出。2018年，成都市空间一体化和产业一体化能力得分高达0.886和0.841，分别是雅安市和达州市的6.5倍和4.7倍；重庆市市场一体化能力达到0.832，是排名末位的遂宁市的5.5倍。

第二类：绵阳市、内江市、自贡市、广安市。这类城市的城市经济一体化发展能力整体较高，且在空间一体化、产业一体化和市场一体化三个维度中的某些方面的发展能力得分相对处于前列，但同时通常有一个弱项，在经济一体化过程中具有较大潜力空间。其中，绵阳市依托中国科技城建设和电子信息产业的优势，产业一体化能力优势明显且迅速提升，2018年得分达到0.581，仅比重庆市得分低0.012，但其空间一体化能力处于相对较低水平。内江市和自贡市凭借地处成渝间主通道、辖区面积较小等优势，空间一体化能力相对突出。2018年，内江市空间一体化能力得分达0.606，略高于重庆市的0.554，而自贡市空间一体化能力得分达到0.514。但二者的市场一体化能力得分均出现了下滑趋势。广安市的市场一体化能力得分在除重庆市、成都市以外的城市中长期处于领先地位，但2010~2018年提升速度非常缓慢，因而与重庆市、成都市的能力得分差距越来越大。

第三类：德阳市、遂宁市、宜宾市、南充市、泸州市、眉山市、乐山市、达州市、资阳市、雅安市。这类城市整体上城市经济一体化发展能力居中偏下，空间、产业和市场各维度得分较低，与重庆市、成都市存在较大差距。其中，德阳市、资阳市经济一体化发展能力相对领先，各维度发展能力得分比较均衡；雅安市、达州市和南充市各维度能力得分排名均相对最低。总体而言，各城市空间一体化能力强于产业一体化能力，市场一体化能力相对欠缺，未来在推进经济一体化过程中，加强产业分工协作和构建一体化市场将面临巨大压力。

第四节　成渝城市群经济一体化
发展的影响因素

在经济全球化和区域一体化发展过程中，特别是我国工业化、城市化进程不断加快，城市群成为经济发展格局中最具活力和潜力的核心区域，也是承载发展要素的主要空间形式，各种"流"的汇聚与扩散日渐频繁。近年来，成渝城市群持续深化区域合作，但前文的计算结果表明，成渝城市群经济一体化发展能力整体不强，且空间、产业和市场一体化及城际经济一体化发展能力差距客观存在，成渝城市群经济一体化发展仍面临着不少问题。这些问题的存在是诸多因素对成渝城市群经济一体化发展共同影响的结果。

一、交通通道与空间距离

城市间空间距离客观存在，发达的交通网络是克服与缩短城市间时空距离的基本途径。撇开交通通道物质工程外在表现，就其功能而言，除提供公共产品或公共服务外，交通通道可通过作为不支付的生产要素，提高其他投入生产率、吸引其他地方的投入、刺激对基础设施和其他服务的需求等[1]方式影响城市群的经济活动。交通通道是连接家庭、企业和政府等的关键纽带，是维系经济中心和经济腹地间紧密联系的物质渠道，担负着聚集或辐射经济能量的路径与通道功能，因而是城市群经济、社会、资源等流动和联系的最重要、最普遍的载体。雷文茨坦（Ravenstein，1880）构建的空间相互作用引力模型假定，在城市间人口规模确定的条件下，经济联系程度与空间距离成反比，即空间距

---

[1]　安虎森，主编. 区域经济学通论 [M]. 北京：经济科学出版社，2004：645.

离增加，交通成本趋高，空间相互作用程度呈现递衰规律。

成渝城市群位于成都平原和四川盆地丘陵区，地域范围内有龙泉山、缙云山、中梁山和沱江、嘉陵江等山水形成"天然阻隔"。成渝铁路、成昆铁路、宝成铁路、成渝高速等建成通车都是成渝城市群经济一体化发展史上里程碑式的重要事件，在客观上缩短了城市群城市间的时空距离，促进了各种要素向城市和条件优越地区流动与集聚。2015年，成渝高铁开通，成渝间时空距离缩短为1.5小时，同时城际高铁、客运专线、城际高速、快速通道、城市地铁等建设以及航空、航运快速发展，大大缩短了城市间时空距离，进而拓展各城市的发展空间，由点连线成片，成渝城市群逐步从单个城市增长演变为城市网络发展。但与我国东部发达地区进入高铁时代相比，成渝城市群的高速铁路建设相对滞后，城际快速客运系统还不完善，如遂宁至资阳和眉山、乐山至自贡、内江至遂宁等广阔的成渝中间地带铁路匮乏，城际快速铁路建设更加滞后。在毗邻地区，甚至缺乏纵贯南北的高速公路，如广安至潼南、大足、荣昌、泸州一线城市间，均须绕道其他城市才能抵达。交通支线、连接线和交通干线建设具有同等的重要性，解决好最末端的"毛细血管"建设和疏通问题仍待加强，然而部分地方连接高铁的快速、公共交通系统滞后。交通通道和空间距离仍在很大程度上影响着成渝城市群经济一体化发展。

二、中心城市集聚与扩散作用

中心城市是城市群的核心和标志，通常都是综合性交通枢纽，也是城市群内经济发展水平最高、城市功能相对完善，且具有较强的聚集力、辐射力和综合服务能力，能够主导和带动城市群经济发展的头部城市。中心城市的集聚作用来源于城市群经济活动对聚集经济和规模报酬的追求，在市场机制作用下资源要素会自动地向中心城市集聚，培育形成具有辐射带动作用的城市群"增长极核"。杰斐逊（Jefferson，1939）曾对城市首位度及与其他城市差距扩大的原因进行分析，认为这与城市发展过程密切相关。随着中心城市人口等要素与经济活动持续集聚，中心城市规模高度膨胀，城市土地、劳动力等要素价格随之抬高，交通出行拥堵耗时，生产与生活成本均较大幅度增长，城市集聚经济优势逐渐削弱或转变为集聚不经济，扩散机制作用将超过集聚机制，资源要素与经济活动开始向外围地区转移，形成新的次级中心城市。缪尔达尔提出的扩散效应与回波效应、赫希曼提出的涓滴效应与极化效应，都完整解释了城市群中心城市和外围城市间的集散作用过程。

成渝城市群是典型的"双核"中心城市结构，城镇体系具有典型的中心—边缘特征（林凌，2005）。从城镇发展模式看，由于重庆、成都分属不同行政区划，长期以来均制定了各自非均衡的区域开发战略，重点支持重庆中心城区和成都的发展，政策照顾与要素投入倾斜导致重庆和成都集聚能力增强、聚集规模不断扩大，加剧了城市群空间结构的非均衡性。重庆和成都的人口规模、经济规模以及发展水平等多项指标可媲美东部发达城市，在成渝地区双城经济圈建设背景下加速集聚的意愿和趋势并不会减弱。与此同时，中心城市对次级城市和外围地区辐射带动，在很大程度上受城市等级体系不完善、空间结构不连续、经济发展差距过大、产业同构同质发展等影响，扩散效应相对不足。集聚与扩散作用不对等，深化城际发展不平衡不充分，客观制约着成渝城市群经济一体化发展。

三、经济发展差距与同质竞争

瑞典经济学家林德（Linder，1961）提出的偏好相似理论表明，当区域间经济发展水平相似或相当时，由于社会需求结构或偏好相似程度高，商品及要素自由流动性更强，分工与合作程度将更高。2018年，成都和重庆的地区生产总值分别达到1.5万亿元、2万亿元，人均地区生产总值分别为9.5万元、6.6万元，但处于成都和重庆之间的遂宁、资阳、内江等城市的经济规模刚过千亿元大关，仅为成都经济体量的7%～8%，重庆的5%～6%；其中，南充的经济规模突破2000亿元，占成都的13%，重庆的10%；但其人均地区生产总值大致占成都的30%～40%，不足一半，存在严重的"中部塌陷"。成渝城市群城市间存在巨大的经济发展差距，严重违背齐普夫的城市位序—规模法则和克里斯塔勒设计的理想城市网络空间结构。在城市间客观存在经济发展差距的条件下，按照增长极理论和非均衡发展理论，在市场机制自发作用下，不同城市的功能定位、经济发展目标和重点任务等方面存在不同，进一步限制了城市间区域合作，影响城市间资源要素的合理流动与优化配置。

从发展模式看，功能定位趋同与产业选择同质导致不同等级城市在政策支持、资源要素、招商引资、重大项目等领域同质竞争，有限资源集中配置拉大了城际发展差距，分散配置则造成效率损失，不利于培育城市特色优势。成都是国务院确定的西南科技、商贸、金融中心和交通、通信枢纽。重庆被国务院定位为长江上游经济、金融和创新中心，国家重要的综合交通枢纽。这两个城市均致力于构建相对完善的产业体系，导致产业分工逐渐模糊，专业化部门和产业优势存在趋同。例如，近年来重点发展汽车、电子信息、金融等产业，打破了原有的产业优势互补、分工协作格局。以重庆和成都为核心，在重庆市和四川省范围内分别形成经济联系和职能分工相对完善的重庆都市区经济圈和成都都市圈，两大都市圈形成相对独立体系，导致更大范围内的分工不合理问题。城市群内其余城市同质竞争同样突出，如"十三五"期间泸州、自贡和宜宾分别提出打造川滇黔渝结合部区域性次级金融中心、川南区域金融中心和川南城市群金融中心，同质无序竞争在客观上影响了城市群经济一体化发展。

四、区域开放有序的市场体系

在我国经济快速发展过程中，区域间专业化分工与国际国内市场规模扩大发挥着重要作用，而市场一体化程度提高为其提供了持久的动力支撑。消除城市间产品与要素自由流动的障碍，构建统一开放的区域市场体系，促进商品和劳动、资本、技术、知识、数据等要素能够在城际自由流动，实现生产和生活资料资源优化配置，是城市群经济一体化发展的客观要求和微观基础。当前，推进构建一体化的区域市场体系仍是我国新时代的破解区域发展不平衡不充分矛盾的重要举措。中央财经委员会第五次和第六次会议反复强调，要促进产业、人口及各类生产要素合理流动和高效集聚。2020年3月30日，中共中央、国务院印发《关于构建更加完善的要素市场化配置体制机制的意见》，积极探索促进要素自主有序流动、提高要素配置效率的市场化配置改革路径。进入新时代，建设统一开放、竞争有序的市场体系成为经济高质量发展的迫切需要。

由于自然地理和历史原因，历史上成渝地区在较长时期内具有浓厚且影响深远的"盆地意识"，开放意识与东部沿海地区相比更加薄弱，因而在改革开放和加快发展社会主义市场经济大趋势中丧失先机，未能获得大量资本要素流入的支持，导致改革开放后与东部地区间的发展差距持续拉大。进入21世纪后，尽管成渝地区深刻认识到必须坚决破除"盆地意识"，加快对外开放和区域合作步伐，但受分税制改革、重庆市成为直辖市等的影响，形成了新的地方保护主义，加剧了城市间的竞争，区域市场一体化发展相对滞后。2018年2月，习近平总书记到四川视察时明确指出，要加快推动高质量发展，必须解决好市场机制不活等问题。中央财经委员会第六次会议研究推动成渝地区双城经济圈建设问题，强调成渝地区要促进产业、人口及各类生产要素合理流动和高效集聚，强化要素市场化配置。这表明，成渝地区区域市场与经济发展需要之间存在一定差距。为在西部形成高质量发展重要增长极，迫切需要推进成渝地区市场一体化发展。当然，构建区域开放有序的市场体系需要处理好政府和市场协同发挥作用的关系，有效扭转"弱市场强政府"的局面，充分发挥市场在资源配置方面的决定性作用。

五、府际合作制度机制

对城市群有直接管辖权的政府和各级城市经济地域单元政府是城市群经济一体化发展的重要主体。正如美国经济学家赫希曼（Hirschman，1958）所言，如果没有周密的政府干预，区际差异会不断增长。因而，缪尔达尔与赫希曼强调了政府干预经济对缩小区域差距的重要性，这成为政府作用于城市群经济一体化发展的理论依据和有力证据。但由于中央和地方政府间，以及地方政府间因经济利益追求差异而存在博弈关系，尤其是各类地方政府选择自身利益最大化的行为，忽视区域发展总体战略目标，导致整体低效率和区域经济发展非均衡。区际经济发展非均衡不仅表现为区域经济发展差距，还包括城际产业同构和恶性竞争、市场分割和地方保护、公共服务供给不均和贫富分化、重复建设和生态恶化等城市群无序问题。造成这些无序问题的直接原因是行政边界分割和经济区域整体性之间的矛盾，破解策略在于冲破地方政府利益固化藩篱，建立协调各方经济利益的制度并创新机制。

在成渝城市群经济一体化过程中，政府间合作制度的建立和机制创新主要表现为：一是通过制定综合发展规划、出台政府文件和政策措施等手段，引导和规范城市间、市场主体间采取合作型发展策略，推进城市群经济向一体化方向发展，如《成渝经济区区域规划》《成渝城市群发展规划》《四川省人民政府关于加快"一极一轴一区块"建设推进成渝经济区发展的指导意见》等；

二是构建政府间协同治理机制，即建立纵向、横向政府间的协调机制，包括建立行政首长联席会议、签订战略合作框架协议、建立合作示范区等，确定政府合作推进的重点领域和项目，促进区域合作和次区域合作不断深化；三是借助提供公共服务、推进交通基础设施建设、生态建设与环境保护、开展创新研究合作等方式，全方位、多层次、多维度地强化区域合作意识，改革完善合作体制机制，强化政府促进经济合作的功能。然而，成渝城市群高质量发展面临的最大挑战仍是四川、重庆两地政府如何构建协同互动、共建共享的合作机制①。新时代推进成渝城市群经济一体化发展，构建完善经济利益协调的府际合作制度和机制仍是重要的课题。

① 魏良益，李后强. 从博弈论谈成渝地区双城经济圈 [J]. 经济体制改革，2020 (4)：19 - 26.

第四章 成渝城市群空间一体化发展研究

城市群经济一体化在宏观层面表现为空间一体化。城市群空间格局，指城市群中城市、产业、道路、商业设施等各类主体和客体在地理上的分布，以及这些主体与客体在空间上的不同组合和经济联系，使得城市群的经济发展呈现出或集聚、或分散的多种状态与结构。城市群空间格局既是城市群经济一体化发展的载体，又反过来决定着城市群的经济功能和经济效率，进而影响经济一体化发展进程。因城市群生产活动、交通改善、人口流动、城镇拓展、新区建设和新技术扩散等现象动态调整，城市群经济一体化发展存在不同程度的变化，城市群空间格局将随之优化。城市群空间一体化发展就是要形成适应城市群经济一体化发展和整体功能提升的城市空间新格局。

第一节 城市群空间格局演化的影响因素

城市群空间格局演化是"破旧立新"的过程，但这个过程受到某种因素牵引而发生，否则城市群空间格局将维持相对稳定而不发生质的改变。能影响城市群空间格局演化的因素较多，其中资源禀赋、交通运输、产业发展、政策制度等是起主要作用的因素。

一、资源要素禀赋

经济活动的地域分异最初来源于各类资源要素分布的不均衡性，而这种不均衡性主要源于区域间客观上存在着资源禀赋的差异。首先，地形地貌直接影响着城市群开发模式选择、空间形态形成与演化的实现路径，平原、丘陵或山地等不同类型地形是城市群制定开发规划、城市布局、可持续发展，甚至城市地下空间开发等方案都不可回避的前提条件。其次，不同城市的资源要素禀赋的差异和特色，包括江河湖泊、自然风景、历史文化遗产，在早期可能直接决定着产业选择与发展、人口集聚等经济活动的空间布局，如资源导向型产业会优先在资源富集地产生和发展。多数城市在形成和早期发展阶段都依托于具有明显的特色优势资源。其中，水资源的持续供应能力对城市规模和空间布局具有决定性意义。最后，随着现代交通网络的完善和城市"服务化"发展倾向，人力资源、科技创新、金融资本、物流服务等现代产业发展要素的聚集与流动对城市规模调整、空间布局优化具有更具关键性的作用。现代城市在很大程度上从生产上克服自然资源匮乏制约，继而通过集聚现代要素而构建包括多种经营活动的现代产业体系。

而资源要素空间分布不均衡是因为资源要素本身具有不完全流动性，即完全或局部固定性的特点。这种不完全流动性包括两层含义：一是生产要素不是都能流动的，如山川河流，城市发展应依势而行；二是能流动的生产要素的流动性是有限的或不完全自由的（陈栋生，1993），主要受到交通运输能力、制度性障碍等制约。换句话说，由于生产要素的不完全流动性，直接影响产业特别是资源导向型产业的空间布局，在客观上导致城市群各地区经济活动分异，进而影响城市空间格局演化。

二、交通运输与通达性

交通运输作为最重要的基础设施，是城市群空间网络的重要载体，承担着维系城市中心和经济腹地间经济能量扩散与集聚的通道功能，因而直接决定着城市经济发展和产业布局。早在古典区位论时代，德国学者杜能（1986）构建的以城市为中心，由内向外呈同心圆结构的产业圈层布局就是当时交通运输条件下的最优选择。之后，韦伯（1909）提出的工业区位论、克里斯塔勒（1933）提出的中心地理论和廖什（1940）提出的市场区位论，同样把交通运输成本看成是决定区位选择的关键因素。借助城际交通将特色差异、互补功能的城市连接起来，是城市群空间组织结构建构的重要支撑。在均质平原上，交通基础设施环状与射状建设属最优方案，因而城市群多呈同心圆状布局。但假如条件因素不均衡，将使城市群形态发生变形，可能形成团状、带状和形状等形态（郁鸿胜，2005）。城市群交通网络的完善或运输方式的变革都会带来城市群空间形态的显著变化，包括空间扩散形态和城市区位条件及辐射范围的变化。此外，综合交通基础设施的改善与变迁还影响着城市群整体空间结构的相对稳定性。

交通运输与通达性对城市群空间格局演化的影响作用主要体现在三个方面。一是运输方式。世界城市发展史表明，靠大海、临江河或湖泊的城市群因拥有航运比较优势而率先获得发展机会，铁路运输站点（场）或高速公路出入口对城市群空间产生"瓜蔓式"影响。随着高铁的诞生与发展，进入"高铁上的城市群"建设时代，并催生了大批城市高铁新城新区，诱发城市群格局和城市空间布局出现新的调整。二是运输费用。陆铭（2012）的研究表明，到大港口距离越远，制造业和服务业的人均产出均呈现明显的递减趋势。随着综合交通网络的形成与交通方式的改进，运输费用大幅降低，资源禀赋、劳动力以及商品等流动的运输费用占本身价值的比重呈下降趋势，而相应地，城市群内经济活动的区位选择可以更加灵活，形成更多的空间组合关系方案。三是运输速度。不同运输技术与方式下，运输速度不同，这直接决定着城市群时空距离是否缩短。随着高速公路、城际轨道等交通运输的普及，城市群交通通达性大幅提升，不仅扩大了城市群的经济活动范围，而且对经济集聚和扩散的成本产生重要影响，促进城市专业化发展和产业空间转移。

在城市群经济一体化发展的不同阶段，城市间经济联系紧密程度在很大程度上取决于城市群内交通基础设施改善情况。完善的交通基础设施网络和发达多样的交通运输方式是保障城市间人流与物流畅通、降低成本、提高经济效益的首要条件。随着交通干线的形成，极大地促进沿线城镇的发展，形成等级层次分明的城镇体系。而多种交通方式密集分布，也会集聚发展若干城镇，进而形成次级城市群或城市密集区。交通本身就是城市群经济一体化的重要内容，交通网络的发达程度取决于城市群经济一体化发展阶段，并且反过来对城市群经济一体化发展具有促进作用。

三、产业集聚与转移

在工业化初期，随着工业制造替代农业生产成为带动区域经济发展的主要力量，形成了大批工业区或工业城市。由于各城市产业发展相对优势的差异，基于对优势区位特定资源和降低运费的追逐，各类产业发展趋向于分散布局在不同经济区域，而非集中分布。随着技术和社会经济发展，产业结构不断演进升级，尤其是现代服务业在城市经济发展中的占比逐步提高，经济发展对自然类资源要素的依赖弱化，交通对产业区位选择的约束降低，而产业空间集中布局则会产生明显的规模经济、范围经济和学习共享效应等，促进各种产业和经济活动加速向城市地区集聚，从而导致城市不断扩大和专业化分工，在城市群内形成产业集群或构建和完善产业链。

从产业链发展视角看，现代产业发展包括从研发设计到生产制造，再到仓储运输、市场营销、售后服务等多个环节，在成本制约和环境约束等条件下，产业链各环节逐步分离并布局在不同区位。产业链的研发设计、市场营销、售后服务等价值高端环节在很大程度上取决于市场信息、技术变革、人才集聚和商业模式创新，而这类生产要素往往在大城市相对集中，因而倾向于在大城市集中发展。而生产制造环节更多选择布局在交通便利、土地与劳动力丰富的中小城市，原来布局在大城市的生产制造环节因土地、用工、能源等成本和生态环境制约而逐步向外转移。产业链各环节对专业化分工效益的追逐进而外在表现为产业部门或企业的转移，是各环节空间集聚或分散的重要原因。

基于产业链不同环节在不同城市间的分工，能连接起多个城市和多个部门的众多企业，进一步促进城市间形成产业分工和空间协同关系。因此，经济高度发达的城市群可以看成是城市间不同产业分工合作，基于各种产业链不同环节而紧密联系形成的城市"集合体"。通过优化产业空间集聚，促进产业合理转移，既有利于推进城市间合作形成城际利益协调关系，又是调整城市职能和优化城市群空间布局的重要动力。

四、政策与制度

政府是城市群培育发展的重要主体，各级政府的政策与制度是一种特殊的工具性"资源"，其本身就意味着局部的、特定的先发权，特别是直接投资更表明政府决策者发展区域经济的战略意图和行政取向。因而，针对区域发展的政策和制度是城市群空间格局演化的重要推手。例如，日本先后出台了《土地基本法》《国土综合开发法》《国土利用计划法》等，形成了完善的国土空间规划与开发法律法规体系。此外，自1962年以来，日本共编制七次全国综合开发计划，引导国土空间开发。在我国，长三角、珠三角城市群的形成与快速发展也是我国坚持改革开放发展的战略方针和支持东部优先发展政策实施，集中有限资源向东部地区倾斜的结果。

政策与制度对城市群空间格局优化的影响主要是基于对公共资源集中或分散的引导和配置，其中最关键的是政府控制的资金资源。同时，还需要借助空间战略规划、投融资政策、产业引导措施、环境规制等一系列工具来实现。如果政府实施普遍的投资、对小项目进行重点投资，以支持落后或经济不经济区域的发展，尽管分散投资能让所有区域分享均等化政策待遇，但会引致城市群空间结构松散，增长节点形成与发展缓慢，交通等基础设施改善困难，交通枢纽形成困难，交通网络体系不健全，城市群空间结构缺乏活力，资金使用绩效较差。相反，实行倾斜性政策，集中政策与资源，重点加大对投入产出效率高、创新创业激情高、市场风险低的地区的投资力度，投资回报将更大，有利于使局部地区快速发展为中心城市，促进中心城市辐射带动能力增强，从而推动更大范围的快速发展，形成更有活力和稳定性的空间格局。

政策"资源"极其稀缺，因而在城市群经济一体化的不同时期，政策和制度的选择会有不同的倾向性。在早期阶段，为使中心城市形成和城市群空间组织形成，应将有限的资源集中投向城市群，加大对中心城市的支持力度，促使城市群向着经济一体化方向发展。当城市群经济一体化发展到一定阶段，城际间发展差距与不平衡问题出现，而中心城市具有一定的自我发展能力和辐射带动作用，应将更多的政策资源集中用于"外围"地区城市，最大限度挖掘这些地区的潜力，培育城市群新增长点，促使城市群空间更加稳定。

第二节　成渝城市群空间组织特征分析

城市群空间结构主要包括五大要素：节点、通道、流、等级和网络。其中，节点和通道是物质要素，形成空间结构骨架；流、等级和网络是功能要素，形成空间属性（陈修颖，2007）。在城市群经济一体化过程中，依托物质要素的相互作用与功能互动，城市群形成相互联系的特定空间秩序。

一、空间节点特征

按照中心地理论，城市群空间范围内必然存在至少一个等级最高的中心城市，并且中心城市的地位与作用对城市群空间组织产生至关重要的影响。空间节点主要通过经济规模或实力进行等级划分，通常用首位度来考察城市规模结构和人口集中度，常用指标为中心职能强度，衡量中心城市对其他城市吸引力的范围和反映中心城市对周边城市的经济辐射带动能力。在指标选择上，考虑到常住人口更能反映城市人口集聚功能，以及在工业化过程中，工业在多数城市具有主导地位，因而选择城市常住人口、工业增加值来衡量城市人口规模和经济规模。公式为：

$$K_{pi} = \frac{P_i}{\frac{1}{n}\sum_{i=1}^{n}p_i} \tag{4-1}$$

$$K_{vi} = \frac{V_i}{\frac{1}{n}\sum_{i=1}^{n}v_i} \tag{4-2}$$

$$K_{ti} = K_{pi} + K_{vi} \tag{4-3}$$

在式（4-1）、式（4-2）和式（4-3）中，P_i 为 i 城市的城镇常住人口数，V_i 为 i 城市的工业增加值，K_{ti} 为 i 城市的中心职能强度指数。利用 2018 年的数据，对成渝城市群 16 个地级以上城市进行节点分析。借鉴王雪定等（2012）的划分，将城市中心职能指数划分为四个等级，即 0~1.5 为第四等级，1.5~3 为第三等级，3~7 为第二等级，大于 7 为第一等级。

计算结果显示（见表 4-1），成渝城市群空间节点体系呈现明显的"头尖、中缺、底大"的畸形特征，拥有两大能级极强的双"首位城市"，第一等级的重庆和成都两个城市的中心职能强度指数分别为 10.34 和 7.76，远远高于其他城市，是位于第三位的绵阳（1.44）的 5 倍以上，在成渝城市群经济发展战略中具有"双核"中心城市协同辐射带动效应。与此同时，成渝城市群缺乏承上启下的次级中心城市，没有第二、第三等级的城市，其余城市中心职能强度指数均低于 1.5，属于第四等级，中心职能相对较弱，仅绵阳、南充、宜宾等少数城市中心职能强度接近 1.5，具有一定的区域性中心职能。

表 4 – 1　　　　　　　　**2018 年成渝城市群城市中心职能强度**

排名	等级	城市	中心职能强度	排名	等级	城市	中心职能强度
1	一	重庆	10. 34	9	四	内江	1. 01
2	一	成都	7. 76	10	四	乐山	0. 99
3	四	绵阳	1. 44	11	四	自贡	0. 87
4	四	南充	1. 35	12	四	遂宁	0. 8
5	四	宜宾	1. 33	13	四	眉山	0. 76
6	四	德阳	1. 31	14	四	广安	0. 72
7	四	泸州	1. 19	15	四	资阳	0. 68
8	四	达州	1. 07	16	四	雅安	0. 39

数据来源：根据《四川统计年鉴—2019》《重庆统计年鉴—2019》和相关各市 2019 年统计公报整理计算。

二、交通通道特征

交通通道是城市经济发展和建立城际经济联系的基础条件和重要支撑。交通通道建设在城市群经济一体化发展过程中具有引导和从属功能①。引导功能即交通指向性，是指交通网络对城市群资源要素流动与集聚、各城市产业发展类型、经济规模和经济结构、产业园区选址等具有引导作用。交通网络发达程度不同，导致城市群经济活动空间非均衡布局，而交通网络的改善为城市群经济空间结构演进提供了重要驱动力。从属功能是指交通通道网络是城市经济发展的要素之一，必须服务于城市群经济一体化发展。同时，综合交通通道建设以城市群产业布局优化和经济一体化发展为现实依据和资金来源，因而交通网络化一体化程度又取决于城市群经济一体化发展水平。

成渝城市群以平原、丘陵和山地为主，但江河山川纵横，尤其是龙泉山脉在很长的历史时期内都是成渝两地互通有无的重要阻隔，因而改善交通对优化成渝城市群经济空间至关重要。根据不同历史时期主要交通运输方式的不同，大致可以将成渝城市群空间结构演进分为四个阶段（见图 4 – 1）。

---

① 张军.“珠三角”区域经济一体化发展研究 [M]. 北京：经济科学出版社，2014：60.

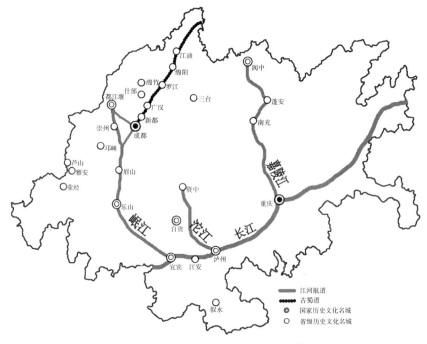

内河航运时代的城市空间格局（1949 年以前）

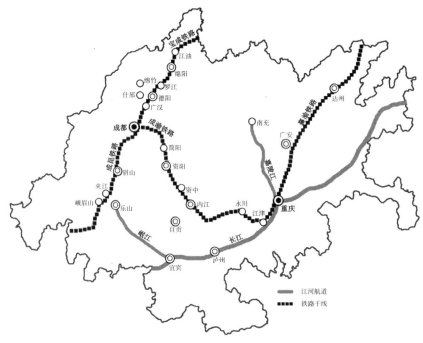

铁路运输时代的城市空间格局（1952 年以后）

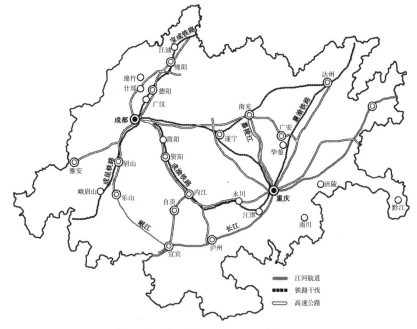

高速公路时代的城市空间格局（1995 年以后）

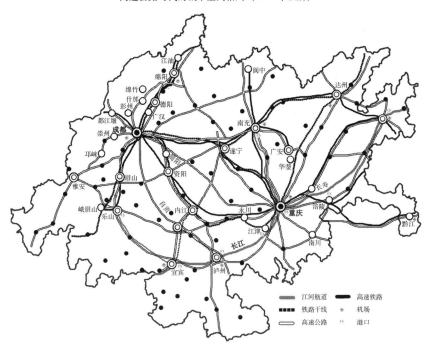

综合交通时代的城市空间格局（2009 年以后）

图 4 - 1　成渝城市群交通设施与空间结构演进

一是内河航运时代。自秦汉以来，长江干线及岷江至成都和都江堰段，嘉陵江至阆中段，沱江至自贡段等均具备通航条件，水运是军事活动、商贸往来、人文交流的主要交通方式。至唐代，成都发展成为"水陆所辏，货殖所萃"的大都会，吴盐蜀麻往来相通，"门泊东吴万里船"充分展现了内河水运为成都带来的繁华景象。基于水运交通导向性，成渝地区主要城市基本布局在长江干流和主要支流沿岸。成渝城市群内 8 个国家级历史文化名城和部分省级历史文化名城均分布在沿江地带，少数中小城市分布在古蜀道沿线。

二是成渝铁路时代。新中国成立后，随着 1952 年成渝铁路建成通车，以及随后 318 国道、宝成铁路、成昆铁路、襄渝铁路等交通主干线相继建成，成渝地区城市发展进程各不相同，城市空间发展格局发生了较大变化，成都、重庆增长极地位形成并持续巩固，沿江、沿线地域加快发展，特别是沿宝成—成昆铁路铁路的江油—成都—峨眉山"一线"和沿成渝铁路的成都—内江—重庆"一线"快速发展。在此期间，成渝航线自 1950 年复航，1990~1995 年成渝航线异常火爆，架起了空中联系通道，是两地沟通渠道的重要补充。

三是高速公路时代。自 1995 年成渝高速开通，以及内自、成绵、自宜、成乐、成雅、广邻、成南、达渝、遂渝、南渝、沪渝等高速相继通车，以成都、重庆为核心的高速公路网基本形成，高速公路成为主导交通方式。除沿成渝高速及成渝铁路、成绵高速及宝成铁路、成乐高速及成昆铁路、长江等交通干线城市密集布局外，城市群东北部的遂宁、南充、广安、达州等城市获得了新的发展。

四是综合交通时代。2009 年成渝城际动车组运行，随后相继开通从重庆、成都出发，通往城市群内外城市的动车组和城际客运专线，特别是成渝高铁的开通运行使成渝间距离缩短为 1 小时，高速铁路成为成渝城市群内人流的重要承载方式。长江黄金水道建设进入新的阶段，以双流机场、天府国际机场和江北机场为引领的航空运输体系不断优化，高速公路网络不断完善，成渝城市群内交通运输方式更加多元。在综合交通时代，成渝城市群各城市的主导交通运输方式选择不同，对内对外经济联系范围与紧密程度存在差异，城市空间结构随之优化，形成网络状城市群空间结构。

三、城市间要素流特征

生产要素在空间上的流动，引发城市间的互动联系，进而呈现出相应的空间特征。要素流动的种类、数量、速度和方向都对城市群空间布局的集聚与扩散状态具有直接影响。从成渝城市群各城市要素的空间分布来看（见表4-2），成都和重庆（主城区都市圈）作为首位城市，其人口密度、地区生产总值密度排名前列，要素分布密度与中心职能性匹配，是中心城市发挥辐射带动作用的重要支撑。其次，德阳、自贡、内江、遂宁等因城市行政区划面积相对较小，其人口密度与地区生产总值密度以及交通密度等都排名相对靠前。结合成渝城市群中心职能强度对城市进行考察发现，绵阳、南充、宜宾等城市的人口密度与地区生产总值密度指标排名相对靠后，表明成渝城市群要素的空间分布相对分散，尚未完全形成围绕中心的指向性分布格局。

表4-2　　　　　　　　2018年成渝城市群要素空间分布比较

城市	人口密度 （人/平方公里）	地均GDP （万元/平方公里）	公路密度 （公里/平方公里）
成都	1139	10703.0	1.93
自贡	667	3211.2	1.50
泸州	353	1385.2	1.20
德阳	600	3746.1	1.41
绵阳	240	1137.8	0.99
遂宁	602	2294.5	1.69
内江	687	2621.8	2.35
乐山	257	1269.4	0.96
南充	516	1607.8	1.82
眉山	418	1759.3	1.11
宜宾	343	1527.5	1.46
广安	511	1971.8	2.19
达州	345	1019.3	1.18
雅安	102	429.4	0.45
资阳	437	1856.8	2.15
重庆	377	2472.2	1.91
重庆主城区都市圈	700	5423.9	2.17

数据来源：根据《四川统计年鉴—2019》《重庆统计年鉴—2019》整理计算。

借鉴叶玉瑶等（2007）改进的都市均匀度指数方法，通过人口、地区生产总值、公路密度等指标来分别考察人、经济、交通等空间要素的集聚与扩散，对要素集散与空间分布格局进行测度。公式为：

$$Y_i = \frac{X_i}{S_i} \bigg/ \sum_{i=1}^{n} \frac{X_i}{S_i} \qquad (4-4)$$

$$C = \sum_{i=1}^{n} \sqrt{Y_i} \bigg/ \sqrt{n} \qquad (4-5)$$

在式（4-4）和式（4-5）中，X_i 为城市群中 i 城市的要素指标；S_i 为 i 城市的辖区面积；Y_i 为 i 城市要素指标占城市群的比重；C 为城市群要素空间均匀度指数，取值越接近1，表明城市群要素空间分布越均匀，反之越集聚。

计算结果表明（见表4-3），成渝城市群交通、人口的均匀度指数更高，经济均匀度指数略低，各项要素空间均匀度指数均与1存在一定差距，表明成渝城市群的要素空间分布仍不均匀，城市群空间发展仍处于集聚阶段，但空间均匀度指数比较接近1，说明城市群各城市间在要素集聚过程中的差距相对较小。从时间演变看，2010～2018年人口、经济、交通的均匀度指数波动不大，2010年与2018年的指数值基本相同，可见要素在成渝城市群各城市间的聚散程度变化不大，空间格局比较稳定。

表4-3　　　　　　　　成渝城市群要素空间均匀度指数及变化

年份	人口	经济	交通	平均
2018	0.971	0.934	0.984	0.963
2017	0.971	0.936	0.985	0.964
2016	0.971	0.938	0.984	0.964
2015	0.969	0.931	0.987	0.962
2010	0.968	0.935	0.985	0.963

四、城市群等级结构特征

城市群的等级结构是指城市群内不同层级、不同规模、不同实力的大中小城市相互间的组合关系。城市人口规模是表征城市规模，描绘城市等级结构的重要指标。成渝地区早期城镇可溯源到距今5000～3000年前，三星堆遗址即是人口大量集聚、生产生活活动相对集中、具有区域中心地位的都城遗址。金沙遗址的发现让成都建城史追溯到 3200 年前。在西周建都时，一年成聚，二年成邑，三年成都。春秋时，充国建都于南充境内。先秦时，巴国先后在枳（今涪陵）、江州（今渝中）、垫江（今合川）建都。两汉时，成都与洛阳等并列为全国"五都"。隋唐年间，成都是全国最繁华的商业大都会，自贡、内江、泸州、宜宾等因食盐、制糖、纺织、酿酒等产业发展而繁荣。近代以来，四川的工业化和城市化发展缓慢，仅设成都、重庆和自贡三个市，且城市主要集中在长江沿岸和川西平原中心，城镇分布零散，城镇间经济联系较少，不能形成城镇体系。及至改革开放前后，四川的城市发展步伐加快，自 1976 年撤销绵阳地区设立绵阳市，1997 年重庆市成为我国第四个直辖市，至 2000 年撤销眉山地区设立眉山市，成渝地区城镇体系逐步形成并不断完善。

以成渝城市群境内设区的市、县级市，以及与重庆主城区距离较远、人口规模较大且发挥着区域中心作用的万州、黔江、涪陵、长寿、江津、合川、永川等共 36 个城市为考察对象，按照《国务院关于调整城市规模划分标准的通知》的界定标准，成渝城市群内有 2 个超大城市，18 个 II 型大城市，11 个中等城市，5 个小城市（见表 4 - 4）。

表 4 - 4　　　　　　　　　　　成渝城市群城市体系

类型	城市
超大城市	重庆[①]、成都
特大城市	
Ⅰ型大城市	
Ⅱ型大城市	南充、绵阳、德阳、达州、宜宾、内江、乐山、万州、自贡、泸州、合川、江津、遂宁、广安、涪陵、眉山、永川、简阳
中等城市	资阳、长寿、江油、彭州、阆中、都江堰、崇州、雅安、隆昌、邛崃、广汉
Ⅰ型小城市	黔江、绵竹、峨眉山、什邡、华蓥
Ⅱ型小城市	

注：①重庆指重庆主城区都市圈范围。

数据来源：《四川统计年鉴—2019》《重庆统计年鉴—2019》。

不难发现，成渝城市群人口规模呈"顶层尖、中间缺、底层多"的等级结构特征。对比"两头小、中间大"的成熟城市等级体系，成渝城市群城市规模等级序列不完整，城市体系中缺乏城区人口超过 500 万人的特大城市和 300 万人的I型大城市，仅南充、绵阳、德阳、达州、宜宾城镇人口超过 200 万人，而人口超过 100 万人的中等城市达 13 个，占全部城市的 1/3 以上。分别以重庆和成都作为首位城市，以城镇人口计算的首位度达到 7.5 和 5.4，首位城市过度集聚，而特大城市发展迟缓，造成人口和经济活动不能有效地在次级中心城市集聚，大量资源流向核心城市，加剧了城市群内经济发展的不平衡性[①]。

五、空间组织网络特征

按照中心地理论，稳定的城市体系具有网络状空间布局特征。城市群是由多个城市相互联系组成的有机整体，以空间节点为支撑、交通通道为骨架，人口、资金、物资等流动，将逐步形成城市群空间组织网络系统。成渝城市群人口集聚、产业集中和城市发展的重点是平原地区、交通干线沿线和沿江地带。这既是自然选择的结果，也得益于各级政府的战略布局导向，特别是改革开放和西部大开发的实施，遵循交通建设和城市发展基本规律采取的系列非均衡协调发展政策，加速推动成渝城市群空间网络优化。

《成渝经济区区域规划》根据资源环境承载能力和发展基础，统筹区域发展空间布局，规划成渝城市群依托中心城市和长江黄金水道、主要陆路交通干线，形成"双核五带"空间格局。2016 年 4 月《成渝城市群发展规划》提出进一步优化成渝城市群空间结构，依托重庆和成都"双核"中心城市带动，着力提升成渝发展主轴地位，重点建设沿长江和成德绵乐城市带，促进川南、南遂广、达万城镇密集区加快发展，成渝城市群空间格局逐步向"一轴两带、双核三区"的空间网络结构演变（见图 4 - 2）。

随着成渝地区双城经济圈建设加快，更加强调全面提升重庆主城和成都的发展能级和综合竞争力，增强"双核"引领带动双城经济圈发展能力；更加强调围绕重庆主城和成都培育现代化都市圈，增强中心城市带动周边市地和区县加快发展；更加强调强化区域中心城市互动和毗邻地区协同，推动重庆、成都都市圈相向发展，推动渝东北、川东北地区一体化发展，推动川南、渝西地区融合发展，辐射带动川渝两省市全域发展；更加强调统筹大中

---

① 邓玲. 国土开发与城镇建设 ［M］. 成都：四川大学出版社，2007：233。

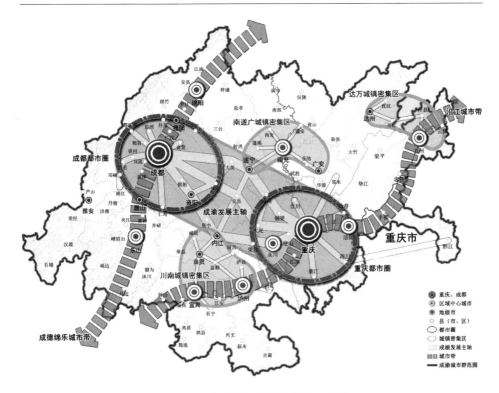

图4-2　成渝城市群空间格局示意图

资料来源：国家发展改革委 住房城乡建设部关于印发成渝城市群发展规划的通知［EB/OL］，（2016-05-04）．https：//www.ndrc.gov.cn/fzggw/jgsj/ghs/sjdt/201605/t20160504_1170022_ext.html.

小城市和小城镇发展，推动超大、特大城市中心城区"瘦身健体"、大城市功能品质提升、县城城镇化补短板强弱项，促进形成疏密有致、集约高效的空间格局。

第三节　基于经济联系的成渝城市群
空间布局分析

城市群经济一体化过程中，人流、物流、资金流、信息流等不断流动，城际经济联系和区域合作更加紧密、持续深化，在空间上分离的城市结合为特定结构和功能的有机整体，推动城市群空间结构演变和逐步成熟。城市群空间经济联系一般用空间相互作用来反映，空间相互作用强度又决定着城市间经济联系的紧密程度。引力模型是经典的空间相互作用研究模型。借用该模型测度城际经济联系，可以反映城市与城市间相互经济作用的强度，进而刻画城市群空间布局情况。

一、经济联系引力模型及修正

齐普夫（Zipf，1946）建立了城市间经济联系量测度模型，反映城市间相互联系和作用的强度。同时，引入经济隶属度，以反映经济中心对次级经济中心经济辐射能力的大小。公式为：

$$E_{ij} = k \frac{M_i \times M_j}{D_{ij}^2} \qquad (4-6)$$

$$F_{ij} = \frac{E_{ij}}{\sum_{i=1}^{n} E_{ij}} \qquad (4-7)$$

在式（4-6）和式（4-7）中，E_{ij} 为城市间经济联系量，M_i、M_j 分别为 i 城市和 j 城市的质量，通常采用人口规模、经济总量来衡量，D_{ij} 为 i 城市和 j 城市的城际空间距离，k 为经验常数。F_{ij} 为 j 城市对 i 城市的经济隶属度。

在研究应用中，由于传统引力模型的不足逐渐显现，学者们基于不同研究需要，采用不同方法对其进行修正。借鉴已有研究，本书对城市群引力模型中的质量、距离和经验常数进行了适当修正。

首先，城市经济质量不能用人口、经济规模来全面反映，通过构建质量综合评价指标体系，得到修正的城市质量 M_i'，综合考虑多方面因素来反映城市的经济质量。借鉴已有的研究成果，从经济规模、经济效益、经济潜力三个维度，选择指标来构建城市质量综合评价体系（见表 4-5）。

表 4-5　　　　　　　　　城市质量综合评价指标体系

维度	具体指标
经济规模	常住人口；GDP；社会消费品零售总额；进出口占 GDP 的比重
经济效益	人均 GDP；第二、三产业增加值的占比；一般公共预算收入
经济潜力	城镇化率；固定资产投资增速；城镇居民人均可支配收入；高校数量

采用熵值法对初始数据进行处理，计算城市质量综合评价值。由于各项指标的计量单位不统一、属性不同，需要先进行无量纲化处理。参考相关文献并进行比较后，选取极差法对原始数据进行处理，其公式为：

正向指标：$x'_{ij} = (x_{ij} - \min x_{ij}) / (\max x_{ij} - \min x_{ij})$

负向指标：$x'_{ij} = (\max x_{ij} - x_{ij}) / (\max x_{ij} - \min x_{ij})$

区间指标：$x'_{ij} = \begin{cases} 1 - \dfrac{a - x_{ij}}{a - a^*} & x < a \\ 1 & a < x_{ij} < b \\ 1 - \dfrac{x_{ij} - b}{b^* - b} & x > b \end{cases}$

其中，$[a, b]$ 为指标 x 的最佳稳定区间，$[a^*, b^*]$ 为指标 x 的最大容忍区间，x_{ij} 为原始指标值，x'_{ij} 为数据标准化处理后的结果，$\max x_{ij}$ 是所有城市第 j 项评价指标的最大值，而 $\min x_{ij}$ 是最小值。

在此基础上，对各个指标的原始数据进行归一化处理，则 j 指标下 i 城市的相对比重为 p_{ij}，其公式为：

$$p_{ij} = \frac{x'_{ij}}{\sum\limits_{i=1}^{n} x_{ij}} \qquad (4-8)$$

若 $p_{ij} = 0$，则令 $p_{ij} \ln p_{ij} = 0$。

计算各指标的熵值，公式如下：

$$e_j = -k \sum_{i=1}^{n} p_{ij} \ln p_{ij} \qquad (4-9)$$

式（4-9）中，k 与样本数量 n 有关，常取 $k = 1/\ln n$，$0 \leq e_j \leq 1$。

计算各指标权系数：

$$h_j = \frac{1 - e_j}{\sum\limits_{k=1}^{m} (1 - e_k)} \qquad (4-10)$$

一般来说，熵权系数 h_j 越大，代表 j 指标的信息量就越大，表示其对综合评价的作用就越大。

计算单个城市的综合得分：

$$M_i = \sum h_j \times x_{ij} \qquad (4-11)$$

因 M_i 取值为 $0 \sim 1$，为计算方便，在此同步将所有城市群质量综合得分乘以 1000，调整至 $[0, 1000]$，得到修正的城市质量 M_i'。

其次，借鉴李琳（2019）的方法，引入克鲁格曼指数，从城市产业互补性角度对模型中经验常数 k 进行修正，计算公式为：

$$K_{ij} = \sum_k^n \left| \frac{q_{ik}}{q_i} - \frac{q_{jk}}{q_j} \right| \qquad (4-12)$$

式（4-12）中，K_{ij} 为克鲁格曼指数，q_i、q_j 分别为 i 城市和 j 城市所有部门的总从业人员数，q_{ik}、q_{jk} 分别为 i 城市和 j 城市 k 部门的从业人员数，n 为部门数。$K_{ij} \in [0, 2]$，值越大，则两城市的产业结构差异化程度越大，城际产业互补性越强。

最后，随着现代化综合交通快速发展，城际空间距离应基于多种交通运输方式综合确定，而且如果 D_{ij} 仅仅是城际空间距离，那么计算时便会丢失部分经济信息，无法客观全面地反映城际经济联系及经济辐射能力。借鉴高汝熹（1998）的方法，采用城际经济距离代替空间距离，公式为：

$$D_{ij}' = a \times b \times D_{ij} \qquad (4-13)$$

式（4-13）中，D_{ij}' 为城际经济距离，a 为通勤距离修正权数，取值由城市间交通运输情况决定。由于成渝城市群客货运量 90% 由公路运输完成，且 2018 年末部分城市尚未开通铁路与高铁，因而通勤方式确定为公路，a 的值均取 1。b 为经济落差修正权数，取值由周边城市和核心城市的人均 GDP 比重决定（见表 4-6）。

表 4-6　　　　　　　　　经济落差修正权数取值

某城市人均 GDP/核心城市人均 GDP	<45%	45%≤比值≤70%	>70%
b 取值	1.2	1	0.8

经修正后的经济引力模型为：

$$E'_{ij} = k_{ij} \frac{M'_i \times M'_j}{D'^2_{ij}} \qquad (4-14)$$

二、范围界定与数据来源

根据成渝城市群发展规划部署，充分考虑部分城市事实上发挥着区域性中心城市作用的实际，选取重庆主城区、成都、绵阳、自贡、泸州、德阳、宜宾、遂宁、内江、乐山、南充、达州、广安、雅安、眉山、资阳、万州、黔江、江津、合川、永川、长寿、涪陵共23个城市为研究对象。其中，重庆主城区指渝中区等主城九区，成都包括锦江区等共十个区，其余城市指市辖区。

数据来源于2019年的《四川统计年鉴》和《重庆统计年鉴》。四川各城市城镇居民人均可支配收入用全市数据代替，重庆主城区城镇居民人均可支配收入用九个中心城区的平均数代替。城市间空间距离采用2018年成渝城市群各城市的人民政府间，百度地图推荐耗时最短、最便捷的驾车路线里程数。

三、成渝城市群经济联系与空间结构分析

根据修正的引力模型，对成渝城市群23个城市间经济联系量、经济联系强度、经济隶属度进行测度，得到如下主要结论。

从经济联系强度看（见图4-3），重庆主城区和成都的经济联系总强度分别达到110.89和91.94，远远超越其他城市，分别是排名第三位德阳的2.5倍和2.1倍，是排名末位的达州的72.8倍和60.4倍，可见"双核"城市综合实力强，聚集效应大，增长极地位突出。此外，空间上毗邻"双核"的德阳、长寿、江津、绵阳、永川、合川、眉山的经济联系强度处于领先地位，而泸州、自贡、乐山、宜宾和长寿、涪陵因区域性空间集聚而经济联系强度相对较好。相对而言，地理空间远离"双核"中心城市及多数处于川渝毗邻地带的达州、雅安、黔江、万州、南充、内江、广安、遂宁等的经济联系强度较低。

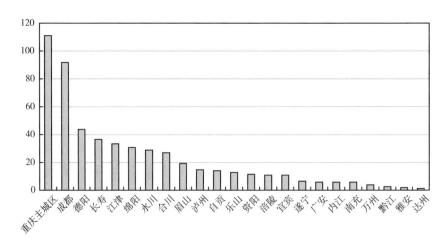

图4－3　2018年成渝城市群主要城市的经济联系强度

从城市间的联系来看（见表4－7），各城市间的经济联系普遍存在，但城际经济联系量差异较大。2018年，成都与德阳的经济联系最为紧密，经济联系度达29.25，为各城市间经济联系度最高值。重庆主城区与长寿区、江津区的经济联系度值分别达到23.29和22.71，远高于其他城际经济联系度，排名第二和第三位，涪陵区与雅安市经济联系度值最低，2018年仅0.003。总体来看，在成渝城市群23个城市形成的253对城际关系中，城际经济联系度均值为1.06，其中仅37对城际经济联系度超过均值，85%的城际经济联系度低于均值，且86对城际经济联系度值低于0.1，约占1/3，表明城际经济联系度离散程度较高，多数城市间的经济联系较弱。

从经济隶属度来看（见表4－8），成渝城市群表现出明显的"中心—外围"结构特征。重庆主城区周边包括江津、长寿、合川、永川，对重庆主城区的隶属度超过60%，涪陵对重庆主城区的隶属度为35%；成都周边城市包括德阳、眉山，对成都的经济隶属度超过60%，资阳、绵阳和雅安对成都的经济隶属度超过40%，形成以重庆主城区和成都为双核的城市群"中心地带"。此外德阳和绵阳、长寿和涪陵、泸州和宜宾及自贡三组城市间的经济联系度和彼此间的经济隶属度较好。除此之外，其余城市间的经济联系度和经济隶属度普遍较低，成为成渝城市群较大范围的"外围区域"。

表4-7　成渝城市群23个城市间的相互经济联系量

地区	重庆主城区	成都	自贡	泸州	德阳	绵阳	遂宁	内江	乐山	南充	眉山	宜宾	广安	达州	雅安	资阳	万州	涪陵	长寿	江津	合川	永川
成都	8.986																					
自贡	1.392	1.975																				
泸州	2.873	1.604	2.028																			
德阳	1.136	29.246	0.150	0.235																		
绵阳	1.662	14.627	0.231	0.233	10.647																	
遂宁	1.004	1.160	0.163	0.153	0.225	0.386																
内江	0.596	0.820	1.849	0.557	0.096	0.092	0.191															
乐山	0.741	4.803	1.051	0.564	0.407	0.378	0.100	0.217														
南充	1.011	0.739	0.097	0.105	0.171	0.353	1.097	0.103	0.068													
眉山	0.500	12.763	0.437	0.296	0.367	0.299	0.164	0.118	2.563	0.070												
宜宾	1.051	1.539	2.689	1.988	0.127	0.196	0.105	0.358	0.756	0.074	0.293											
广安	2.142	0.305	0.055	0.073	0.061	0.110	0.305	0.056	0.038	0.750	0.055	0.044										
达州	0.415	0.155	0.022	0.039	0.022	0.037	0.048	0.013	0.019	0.104	0.017	0.021	0.079									
雅安	0.081	0.953	0.048	0.042	0.077	0.077	0.031	0.030	0.270	0.025	0.349	0.047	0.013	0.005								
资阳	0.719	6.534	0.522	0.359	0.344	0.422	0.230	0.310	0.514	0.101	0.755	0.269	0.070	0.019	0.051							
万州	0.929	0.349	0.065	0.120	0.077	0.126	0.056	0.023	0.053	0.093	0.044	0.067	0.097	0.191	0.008	0.047						
涪陵	4.052	0.332	0.038	0.085	0.044	0.040	0.026	0.016	0.027	0.033	0.019	0.038	0.070	0.021	0.003	0.023	0.097					
长寿	23.287	1.253	0.239	0.519	0.163	0.233	0.155	0.092	0.151	0.201	0.071	0.222	0.341	0.091	0.018	0.132	0.573	5.864				
江津	22.712	0.798	0.336	1.275	0.151	0.217	0.175	0.142	0.182	0.157	0.107	0.348	0.144	0.041	0.017	0.140	0.155	0.169	0.829			
合川	16.764	1.121	0.362	0.632	0.156	0.231	0.626	0.147	0.197	0.613	0.147	0.277	1.200	0.080	0.034	0.199	0.187	0.194	0.970	1.862		
永川	17.936	1.608	0.432	1.169	0.174	0.201	0.183	0.327	0.278	0.137	0.101	0.438	0.122	0.035	0.023	0.148	0.138	0.200	0.956	3.806	0.978	
黔江	0.902	0.268	0.067	0.141	0.036	0.055	0.059	0.024	0.054	0.052	0.038	0.077	0.087	0.049	0.011	0.040	0.331	0.112	0.296	0.184	0.147	0.093

表 4 - 8　成渝城市群 23 个城市间的经济联系隶属度

（单位：%）

地区	重庆主城区	成都	自贡	泸州	德阳	绵阳	遂宁	内江	乐山	南充	眉山	宜宾	广安	达州	雅安	资阳	万州	涪陵	长寿	江津	合川	永川	黔江
重庆主城区		9.77	9.77	19.04	2.57	5.39	15.11	9.65	5.51	16.44	2.56	9.54	34.46	27.26	3.68	6.02	24.27	35.22	63.53	66.91	61.81	60.83	28.89
成都	8.10		13.86	10.63	66.3	47.41	17.46	13.28	35.76	12.02	65.21	13.96	4.91	10.15	43.07	54.68	9.13	2.89	3.42	2.35	4.13	5.45	8.57
自贡	1.26	2.15		13.44	0.34	0.75	2.46	29.94	7.82	1.57	2.23	24.40	0.88	1.42	2.17	4.37	1.70	0.33	0.65	0.99	1.34	1.46	2.16
泸州	2.59	1.74	13.44		0.53	0.76	2.30	9.01	4.20	1.71	1.51	18.03	1.18	2.58	1.89	3.01	3.14	0.74	1.42	3.75	2.33	3.96	4.53
德阳	1.02	31.81	1.06	1.56		34.51	3.39	1.56	3.03	2.78	1.88	1.15	0.98	1.45	3.49	2.88	2.01	0.38	0.44	0.44	0.58	0.59	1.15
绵阳	1.50	15.91	1.62	1.55	24.1		5.81	1.49	2.82	5.73	1.53	1.78	1.76	2.41	3.46	3.53	3.28	0.35	0.64	0.64	0.85	0.68	1.76
遂宁	0.90	1.26	1.15	1.01	0.51	1.25		3.10	0.74	17.83	0.84	0.95	4.91	3.15	1.41	1.92	1.45	0.22	0.42	0.52	2.31	0.62	1.88
内江	0.54	0.89	12.98	3.69	0.22	0.30	2.88		1.61	1.67	0.61	3.25	0.90	0.84	1.37	2.60	0.60	0.14	0.25	0.42	0.54	1.11	0.76
乐山	0.67	5.22	7.38	3.74	0.92	1.23	1.51	3.51		1.11	13.10	6.86	0.61	1.25	12.21	4.30	1.39	0.23	0.41	0.54	0.73	0.94	1.73
南充	0.91	0.80	0.68	0.70	0.39	1.14	16.52	1.66	0.51		0.36	0.67	12.06	6.86	1.12	0.85	2.44	0.29	0.55	0.46	2.26	0.46	1.65
眉山	0.45	13.88	3.07	1.96	0.83	0.97	2.47	1.92	19.09	1.14		2.65	0.88	1.12	15.77	6.32	1.14	0.16	0.19	0.32	0.54	0.34	1.21
宜宾	0.95	1.67	18.87	13.17	0.29	0.63	1.58	5.79	5.63	1.20	1.49		0.70	1.37	2.11	2.25	1.75	0.33	0.60	1.02	1.02	1.48	2.46
广安	1.93	0.33	0.38	0.49	0.14	0.36	4.60	0.91	0.28	12.18	0.28	0.40		5.21	0.58	0.59	2.54	0.61	0.93	0.42	4.42	0.41	2.79
达州	0.37	0.17	0.15	0.26	0.05	0.12	0.72	0.21	0.14	1.70	0.09	0.19	1.28		0.21	0.16	5.00	0.19	0.25	0.12	0.29	0.12	1.55
雅安	0.07	1.04	0.34	0.28	0.18	0.25	0.47	0.49	2.01	0.40	1.78	0.42	0.21	0.31		0.43	0.21	0.03	0.05	0.05	0.12	0.08	0.35
资阳	0.65	7.11	3.66	2.38	0.78	1.37	3.46	5.03	3.83	1.65	3.86	2.44	1.13	1.24	2.31		1.24	0.20	0.36	0.41	0.74	0.50	1.28
万州	0.84	0.38	0.46	0.80	0.17	0.41	0.84	0.37	0.40	1.52	0.22	0.61	1.57	12.57	0.36	0.40		0.84	1.56	0.46	0.69	0.47	10.61
涪陵	3.65	0.36	0.27	0.56	0.10	0.13	0.39	0.25	0.20	0.54	0.10	0.34	1.12	1.40	0.15	0.19	2.53		16.0	0.50	0.71	0.68	3.60
长寿	21.0	1.36	1.68	3.44	0.37	0.76	2.34	1.48	1.12	3.27	0.36	2.01	5.49	5.97	0.81	1.10	14.96	50.98		2.44	3.58	3.24	9.47
江津	20.48	0.87	2.36	8.45	0.34	0.70	2.63	2.30	1.35	2.54	0.55	3.15	2.31	2.67	0.76	1.17	4.06	1.47	2.26		6.87	12.91	5.90
合川	15.12	1.22	2.54	4.19	0.35	0.75	9.42	2.38	1.47	9.96	0.75	2.52	19.30	5.25	1.52	1.67	4.88	1.69	2.65	5.49		3.32	4.70
永川	16.17	1.75	3.03	7.75	0.39	0.65	2.76	5.30	2.07	2.22	0.51	3.97	1.97	2.33	1.05	1.24	3.61	1.74	2.61	11.21	3.60		2.98
黔江	0.81	0.29	0.47	0.94	0.08	0.18	0.88	0.38	0.40	0.84	0.19	0.70	1.40	3.19	0.49	0.33	8.66	0.98	0.81	0.54	0.54	0.32	

为突出重点，选择 2018 年 $E_{ij} \geq 1.0$ 的数据，分四级描绘成渝城市群经济联系示意图（见图 4-4），可以更加清晰地刻画成渝城市群空间格局。

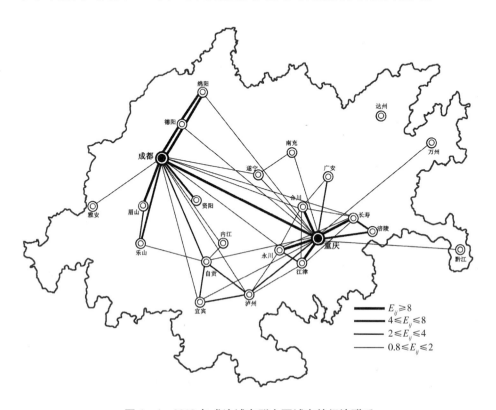

图 4-4　2018 年成渝城市群主要城市的经济联系

第一，成渝城市群"双核"间保持紧密的经济联系。2018 年，成都和重庆主城区间经济联系度达 8.99，处于城际经济联系领先水平，表明两大中心城市具有较强的合作意愿和一致行动。但与"双核"和其周边城市经济联系度相比，仍存在一定差距，从而成渝城市群经济一体化发展仍须持续强化成渝双核经济联系，提升成渝双核协同辐射带动作用。

第二，成渝城市群内形成重庆都市圈、成都都市圈，局部一体化水平较高。比较而言，重庆主城区与长寿、江津、永川、合川、长寿、涪陵的经济联系量最高，成都与德阳、绵阳、眉山、资阳、乐山的经济联系量最高，说明重庆主城区和成都周边集聚了大批经济联系非常紧密的城市，形成两个核心城市经济圈。同时，也反映出这些城市具有靠近核心城市的区位优势，在接受核心城市辐射和接受产业转移、加强经济合作等方面占据先机。

第三，城市群经济一体化空间格局持续优化。除重庆都市圈、成都都市圈外，川南的泸州、自贡和宜宾之间的经济联系量相对较高，具有形成经济圈的潜力，有利于成渝城市群在更大范围内加速一体化发展。从较长期间看，川渝毗邻区经济联系增强，川渝毗邻地区城市多数与重庆的经济联系量高于与成都的经济联系量，且与合川、永川等城市群也有较多经济联系。

第四，成渝城市群尚未形成成熟的一体化经济空间格局。基于不同城市经济联系的比较，城际经济联系非均衡。从"双核"与其余21个城市的经济联系强度和隶属度来看，与重庆主城区经济联系最强的6个城市的经济联系量约占重庆经济联系强度的84.5%，而与成都经济联系最强的6个城市的经济联系量约占成都经济联系强度的83.7%，说明"双核"对外经济联系量主要集中在周边城市和"双核"之间，但距离较远的外围城市与"双核"之间的经济联系量较低，处于比较弱势地位，存在空间非连续性。同时，各城市与核心城市的经济联系大多是单向联系，核心城市的集聚效应大于扩散效应，进一步削弱了周边城市的地位，加剧了城市群内部的发展不平衡。

第四节　成渝城市群空间优化的对策建议

通过对成渝城市群空间组织特征和经济联系的分析发现，成渝城市群是典型的"双核"空间发展模式，空间组织结构呈非均衡发展态势，城市群空间格局仍待优化。要优化成渝城市群空间结构，应立足成渝城市群功能定位，面向未来打造带动全局高质量发展的重要增长极和新的动力源需要，形成资源配置合理、衔接合作高效的一体化城市群空间格局。基于成渝城市群"双核"引领和"中部塌陷"空间特征，要通过培育与强化现代化都市圈辐射带动作用和形成梯次发展格局，提升双核协同带动作用和积极发展壮大次级中心城市，优化城市群综合交通网络和强化城际经济联系，逐步调节城市群内城市等级规模结构、网络结构和功能分工，构建一体化城市群空间新格局。

一、明确成渝城市群的空间优化目标定位

城市群经济一体化发展的目标是实现经济可持续发展，提高城市群的发展质量和提升城市群的竞争力。城市群发展目标具有层次性，不同目标定位有着不同的空间格局优化目标，从而应采取不同的空间优化的策略和路径。因而，成渝城市群空间优化应首先明确当前及未来的目标和功能定位。通常，根据城市群发展目标和影响能力不同，可将城市群分为三类：全球性城市群、国家级城市群和区域性城市群。成渝城市群是规划建设的引领西部开发开放的国家级城市群，目标是建成全球性城市群，其城市群空间格局优化要适应成渝城市群完成国家战略部署和实现目标功能的需要。

按照中央财经委员会第六次会议研究部署和《成渝地区双城经济圈建设规划纲要》，重点打造成渝地区双城经济圈要建成高质量发展的重要增长极和内陆开放战略高地，具体功能定位是具有全国影响力的重要经济中心、科技创新中心、改革开放新高地、高品质生活宜居地。特别是，中央提出"成渝地区双城经济圈"概念，首次采用空间要素来描绘经济区域，且使用"区""双""城""圈"等多个具有空间属性的关键字，充分体现了成渝地区双城经济圈概念的空间特色，彰显了优化空间布局在成渝地区双城经济圈建设的极端重要性。

从"成渝经济区"到"成渝城市群"再到"成渝地区双城经济圈"，其内涵不断丰富和发展完善。从空间形态演变看，经济区表现为"面"，城市群内含若干"点"，而经济圈则要求形成"环"，更加聚焦"圈层"与"双城"。按照克鲁格曼的中心—外围理论，成渝地区双城经济圈由成都和重庆两个中心城市以及大量外围城市构成，因而成渝地区双城经济圈对以成都和重庆为中心带动外围城市发展，形成圈层状网络化空间结构提出了新要求。与经济区、城市群相比，成渝地区双城经济圈还有其独特的空间特征。一是中心带动。中心城市是经济圈的"硬核"。成渝地区双城经济圈更加突出"双核"带动作用，因而未来要推动重庆和成都实现更高层次和更高质量的集聚，持续增强重庆、成都协同带动经济圈整体实现高质量发展的能力。二是环状发展。要依托中心城市形成环状空间，由内向外，因功能定位与经济联系紧密程度的差异，形成紧密环、合作环、波及环等，重点是要培育发展依托中心城市紧密联系的都市

圈，同时要兼顾中心城市对外围地区的辐射带动作用。三是线性辐射。中心城市带动作用的发挥要以交通干线、河流等"线路"为依托，形成超越空间的远程联系，从而需要持续优化成渝城市群交通网络，搭建物质流、能量流和信息流自由流动和高效集聚的通道与载体。四是链式集合。中心城市与外围城市间要素集合，形成产业链、供应链、价值链、创新链、服务链等环环相扣的"点轴"发展链条，实现优化资源配置。

二、构建"一轴两带、双核三区"的空间发展格局

城市群是特定地域空间内相当数量的城市紧密联系形成的"集合体"，无论在区域层次上，还是在相互联系的空间上，均具有网络型的基本特征①。基于成渝城市群空间组织要素与空间布局现状，结合城市群经济联系，以长江经济带建设为契机，以成渝双核中心城市带动作用提升为重点，以资源要素和经济活动聚散为着力点，以高速公路和高铁网络建设完善为载体，突出城市群空间发展的多层次性和多轴向性，加快构建形成"一轴两带、双核三区"的空间发展格局，重点打造成渝发展主轴，提升重庆和成都双核带动作用，推进川南经济区、万达开、南遂广一体化发展。

成渝间经济联系量保持较高水平，充分表明重庆和成都"核心城市背向发展"逐步转变为"相向发展"，但成渝间"中部塌陷"问题仍客观存在。要加大力度推进重庆向西发展与成都东进相向而行，依托两江新区和天府新区提升重庆和成都对中间地带的辐射带动作用，沿着北线成遂渝、中线成安渝、南线成内渝，疏解中心城市部分功能，在成渝中间地带有序布局，促进成渝中间地带城市加快发展，打造支撑成渝城市群发展的"脊梁"。

加大重庆、泸州、宜宾、万州等的港口建设，发挥长江水道在促进成渝城市群经济一体化发展和提升区域竞争优势方面的作用，依托港口建设和航运提升，加快沿江要素配置和产业聚集，打造沿江产业带，促进沿江城市崛起，打造一批战略支点，打造以长江为依托的沿江城市带。立足成德绵乐优越的地理区位，以及综合交通优势和发展基础优势，推进资源高效集聚和优化配置，优化各城市的功能定位，强化城市间协同合作，提升人口和经济活动承载力，持

---

① 姚士谋，等. 中国城市群［M］. 合肥：中国科学技术大学出版社，2006：5.

续提升电子信息、装备制造、航天航空、新材料等产业特色优势，不断巩固成德绵乐城市带的国际影响力。

川南经济区各城市历史悠久、产业基础好且各具特色，城市间的经济联系相对较好，推动川南经济区积极融入"一带一路"建设、长江经济带发展、西部陆海新通道和对接四川省"一干多支、五区协同"发展战略，优化川南经济区的空间和功能布局，积极支持宜宾、泸州等建设成为成渝地区经济副中心，加强泸州、宜宾、自贡和内江城市间协同发展，支持自贡和内江同城化发展，促进泸州和宜宾沿江协同开放发展，努力在川南经济区打造仅次于重庆都市圈、成都都市圈的川南都市圈。南充、遂宁、广安均与重庆和成都有经济联系，但经济隶属度不高，因此要充分发挥其处于成渝之间和川渝毗邻区地理优势，主动接受双核辐射，持续提升对重庆和成都的配套能力，努力培育成渝城市群跨区域协同发展领先优势。万州、达州和开州在地理空间上远离重庆和成都"双核"中心城市，是川渝东北部毗邻地区，但历史上和现实中存在密切的人文交流和经济联系，因此要加快推进万达开川渝统筹发展示范区建设，坚持系统观念，以"一体化"思维统筹推动交通物流、现代产业、科技创新、开放合作、公共服务、生态保护等领域的一体化发展，努力打造全国省际毗邻地区统筹发展的样板示范和成渝城市群高质量发展的重要增长极。

三、培育发展都市圈，强化核心组织带动作用

中心城市的综合实力和影响力是决定城市群在国内国际城市体系中的地位的重要因素。纵观全球性城市群，莫不有如纽约、伦敦、巴黎、东京及上海等国际经济中心或国际金融中心。在多中心网络型空间结构中，核心城市以其强大的扩散辐射功能带动周边大中小城市发展，形成具有一体化特征的都市圈，成为城市群的"硬核"。都市圈是依托大城市而发展出现的空间现象，是城市地域空间形态演化的高级形态。2019 年 2 月国家发展和改革委员会印发《关于培育发展现代化都市圈的指导意见》，界定都市圈为以超大特大城市为中心、以 1 小时通勤圈为基本范围的城镇化空间形态。结合成渝城市群的实际，应发挥重庆和成都的核心带动功能，加快与长寿、合川、永川、江津、德阳、绵阳、眉山、资阳等周边城市的同城化进程，共同打造以

重庆主城区和成都为核心的现代化都市圈，形成辐射带动成渝城市群经济一体化发展的核心。

在成渝城市群规划建设过程中，成德眉资同城化发展加速，重庆主城区都市圈同城化发展先行，但由于各个城市行政力量的强制干预，行政性区际关系代替市场性区际关系等问题依然存在，交通互联、产业协作、创新协同、市场共兴、服务共享等面临行政壁垒和体制机制障碍，成都都市圈和重庆都市圈一体化和现代化仍任重道远。培育发展重庆都市圈和成都都市圈，首先要着力提升重庆主城区和成都的"双核"中心城市带动能力。重庆要充分发挥经济自主权、改革灵活性等比较优势，强化长江上游地区经济、金融、科创、航运和商贸物流中心作用，提升在共建"一带一路"、长江经济带发展和新时代西部大开发、西部陆海新通道建设等国家战略实施中的重要战略地位。成都应发挥自然地理、创新能力和市场功能等比较优势，加快建设国家中心城市，提升成渝双核的全国竞争力和世界影响力。其次要加强统筹协调，同步谋划中心城市带动周边市地和各级城市发展，扭转集聚效应大于扩散效应的趋势，努力建设各具特色的网络节点城市和新的经济增长极。

要构建空间结构清晰、城市功能互补的重庆都市圈和成都都市圈，必须坚持交通一体化先行，加快构建都市圈城际公路和轨道交通网络，推进城市间公交一卡互通和轨道交通公交化运营，搭建起现代化都市圈的"骨骼框架"。坚持产业分工协作，立足各城市的产业基础和资源优势，科学规划不同类型产业功能区，推动两江新区、天府新区、天府空港新城、宜宾三江新区、成都东部新区、南充嘉陵新区及川渝高竹新区等重大功能平台跨区域统筹，合理干预资源和产业布局，形成功能互补、错位布局、特色发展的空间格局。立足毗邻区域合作发展基础，创新体制机制，在衔接地带共同打造先进制造业产业带、高新技术产业带、临港经济发展带等边境产业带，搭建重庆主城区和成都中心城市优质要素向外扩散和外围城市优质生产要素向中心集聚的重要平台，有利于促进行政区划边界模糊化，甚至消失。

四、完善城市体系结构，培育发展次级中心城市

杰斐逊（Jefferson，1939）曾对城市首位度过高及与其他城市差距不断扩大的原因进行分析，认为这与一个地区的城市发展过程密切相关。成渝城市群

城市首位度过高，是历史上长期发展的产物。由于行政区划原因，四川与重庆长期实行非均衡区域开发战略，政策与投资的倾斜导致成都和重庆主城区的集聚能力增强、聚集规模不断扩大，与其他城市之间的差距越来越大，缺乏具有次级中心功能的特大城市，这是成渝城市群城镇体系存在的缺陷。

纵观川渝地区城市发展的历史积淀、产业基础、地理区位、政策机遇等多种因素，自贡最具成为特大城市的潜力与基础。自贡位于成渝城市群川南城镇密集区中部，素有"千年盐都""恐龙之乡""南国灯城""美食之府"等美誉。早在东汉章帝时期，自贡开始井盐生产，并成为全国最大的井盐矿生产基地。因川盐济楚，自贡商贾云集，经济最为发达，人口最为稠密，成为民国时期最早建制的 23 个市之一和最富庶的城市之一。自贡是世界上最早开发利用天然气的地方，集聚了晨光、炭黑等国内外知名企业与研发机构，较早拥有国家级高新区，是四川最早的工业重镇和川南地区商贸中心。新中国成立时，自贡与成都、重庆（时为中央直辖市）成为成渝地区仅有的三个市。重庆和成都两个城市拥有多条铁路、高速公路、国省干道以及机场、港口等，形成放射状的综合交通网络，进而实现快速发展，成为超大城市。反观自贡，由于交通基础设施建设滞后，在新中国成立后长达 50 年的时间里，仅依靠内宜公路等对外联系，水运、铁路、高速公路等客货运大通道建设缓慢，直到 1999 年内宜高速、2001 年内昆铁路建成通车，自贡对外交通条件才有所改善。甚至与周边的诸如内江、泸州、宜宾等相比，自贡也具有明显的交通区位弱势。在全球化和一体化背景下，特别是在改革开放过程中没能形成高效便捷的对内对外经济联系通道，城市发展极其缓慢，缺乏加快工业化和城镇化发展的动力，无法实现从资源型向综合型，再向科技型和服务型的"惊险跳跃"，严重影响着城市人口与产业集聚能力，进而无法成为特大城市，甚至人口、经济规模逐步落后于城市群内的多数城市。

按照成渝城市群未来"一轴两带、双核三区"的城镇空间布局，构建完善成渝城市群城镇体系，除继续提升重庆和成都中心城市引领功能外，应更加注重做大做强区域中心城市。通常而言，具有次级中心功能的特大城市或大城市需要具备一些基本条件，如较好的产业发展基础、优越的区位交通优势、良好的发展环境、丰富的要素禀赋等。综合考虑成渝城市群均衡与协调发展格局，结合城市地理区位、自身特点、人口与经济规模等发展条件，选择在未来重点培育绵阳、乐山、泸州、宜宾、南充、达州、万州、黔江等城区。

在成渝城市群城镇体系中，绵阳、乐山定位为成都平原区域中心城市，分别承担成德绵乐城市带北段和南段的中心城市以及向北和向南辐射的空间节点的作用。泸州、宜宾定位为川南的区域中心城市，承担长江沿线城镇发展带和川南城镇密集区的重要空间节点的作用，带动川南地区和长江沿线城市的经济社会发展。南充定位为川东区域中心城市，引领南遂广城镇密集区发展，加强与重庆和成都的配套、协同发展。达州定位为川东北区域中心城市、川渝经济合作的示范区和桥头堡，是推动万达开川渝统筹发展示范区的重要主体，担负着川渝陕鄂结合部交通枢纽的功能。万州定位渝东北区域中心和长江沿线城市带的重要节点城市，承担着促进达万城镇密集区一体化发展和成渝城市群沿长江向东开放桥头堡的功能。黔江定位为渝东南区域中心，是带动武陵山区发展的重要经济中心。

要培育区域性中心城市，一方面要夯实绵阳、乐山、乐山、宜宾等城市的产业发展基础，促进优势资源集聚，大力实施创新驱动发展，坚持生态优先绿色发展，努力占据产业链、技术链、价值链高端环节，增强对双核中心城市的产业转移承载能力和优势产业发展配套能力，同时提升对周边其他城市的辐射带动作用。另一方面，城镇体系的优化调整对交通基础设施建设的基础支撑作用提出了新的需求。首先，在城际交通网络建设方面，加大力度整合提升长江航道、成渝铁路、宝成—成昆铁路、成绵—成乐高速、包茂高速等交通主干线，鼓励利用交通干线富余能力开行城际列车（班车），推进城际服务公交化运行，提升交通运输服务水平。其次，进一步完善城际交通基础设施，补足存在的明显短板，如加快川南城际铁路、成安渝高速建设进度，规划建设重庆—达州—万州城际铁路、重庆—广安—巴中高速公路，贯通沿江高速公路等。最后，提升七个区域中心城市承接"双核"辐射能力和辐射周边地区的功能，在客观上要求密切区域中心城市与周边地区的经济联系，加强多种运输方式的有机衔接，构建完善一体化的区域交通网络体系。

五、优化城市群综合交通网络，强化城际协作

交通基础设施建设对城市群经济空间优化具有导向性，加强交通网络建设是促进城市群空间结构优化的重要前提和举措。为适应成渝城市群经济一体化

的综合性、复杂性和系统性，要求多种交通方式与此匹配，形成有机衔接的多层次、立体化综合交通网络体系。由于不同城市的功能定位、城市职能及其产业选择、产业结构、产业布局等存在差异，推进城市群城际协调发展，强化交通枢纽中心城市带动与辐射作用，促进不同等级城市间协调发展、共享发展，对交通运输产生了不同程度的差异性需求。

按照新时代推进西部大开发、共建"一带一路"、西部陆海新通道建设和成渝城市群发展等战略部署，以重庆和成都综合交通枢纽建设为核心，加快构建成渝城市群综合立体交通运输网络。优先建设城际交通网络，持续提升成渝间主通道运输能力。重庆加快建设"米"字形高铁网、"三主五辅"对外货运铁路通道、"三环十八射多联线"高速公路网和"一大四小"机场体系以及以"一干两支六线四枢纽"为骨架的内河航运体系，优化重庆连通万州、涪陵、江津等的放射状城际交通，持续完善"一区两群"内部快速骨架公路网络。四川加快建设"四向八廊"战略大通道，规划建设或改造多条高铁、铁路、高速公路大通道，以及川藏铁路、川南城际铁路等重大项目，完善成渝主通道和成都连通绵阳、资阳、眉山等的放射状城际交通网。重点建设核心城市间、核心城市与周边城市间、相邻城市间的铁路客运专线，逐步巩固快速铁路的主要交通方式地位，加快推进成渝中线、成南达万、成自宜等高铁和川南城际铁路、重庆至黔江、重庆至广安和巴中的高速公路等项目建设，规划建设重庆至达州、达州至万州等城际铁路。

重点构建便捷畅通的对外交通大通道，依托长江黄金水道，全面推进长江干线航道系统化治理以及嘉陵江、岷江等支线航道通航能力建设，改善航道通行条件，强化重庆港的核心地位和综合功能，有序推进长江沿线及支流沿线重点港口的分工合作，加快推进成都至重庆，经武汉、合肥、南京至上海的沿江高速铁路，完善向东出海通道。提升蓉欧、渝新欧的运输能力和分工合作。推进嘉陵江、渠江、金沙江等通航能力建设，提升泸州、宜宾、乐山港口一体化发展，打造川南港口群，强化川东北地区与万州港的协同对接。完善成渝城市群通往黔中、滇中、关中、兰州—西宁等城市群的通道建设，加快建设成都至西宁、重庆至昆明、重庆至贵阳、成都至贵阳、重庆至昆明、重庆至郑州、重庆至西安等快速铁路，完善连接丝绸之路经济带和面向东南亚的陆上通道。统筹推进高速公路建设，实施境内国省干道升级改造，完善连接滇中、黔中、长江中游、关中天水等城市群或经济区的交通大通道。强化重庆和成都等的区域航空枢纽功能，适度增加航班密度和优化航线网络，推进成都天府国际机场和双流机场一体化运营，规划新建乐山、阆中等旅游服务支线机场。

统筹推进综合交通设施建设，加强铁路、公路、水运、航空等不同运输方式有效衔接，重点统筹公路建设，消除省际、城际"断头路""瓶颈路"。按照"零距离换乘、无缝化衔接"原则，加强综合交通枢纽建设，打造多式联运体系，提升综合交通运输体系的运行效率。

第五章 成渝城市群产业一体化发展研究

产业一体化是城市群经济一体化的核心内容、首要任务和有效手段。加强城际产业分工合作，推进成渝城市群产业一体化是建设具有全国影响力的经济中心的迫切需要。成渝城市群产业发展基础相对较好，电子信息、汽车制造、机械装备、航空航天等主导产业实力较为雄厚，部分产业在一定程度上还具有全球影响力。成渝城市群产业一体化发展需要扭转以行政区划单元为地域空间范围规划构建现代产业体系的趋势，以成渝城市群为整体，系统谋划区域产业一体化发展和各城市产业功能定位，适应全球科技革命和产业变革最新动态，遵循产业发展客观规律，充分发挥成渝城市群产业发展比较优势，培育打造优势产业集群和城际产业链，加强城际产业水平协同、垂直分工和互动合作，从不同层次、不同维度推进城市产业转型升级。

第一节 城市群产业一体化发展的内涵及模式

产业一体化发展探讨可以追溯到 1776 年亚当·斯密关于分工的论述。在不同历史时期，分工协作、集聚与专业化、技术创新、信息化、数字化等在产业发展过程中发挥着不同的作用，产业一体化发展的内涵与时俱进，不断丰富，实现模式与机制也各不相同。

一、城市群产业一体化发展的内涵

学者们基于不同视角，对产业一体化发展的内涵界定持不同观点。王宇华（2007）界定产业一体化是毗邻城市为获得产业效益最大化和成本最低化，发挥经济发展相向同一性和产业结构互补性，加速产业整合与重组，实行地区经济分工与协作。朱英明（2007）认为城市群产业一体化要构建城际战略产业链，产业一体化发展状况取决于战略产业链各环节协同状况，而协同状况取决于产业链的产业战略性和城际连接性匹配状况。王安平（2014）认为，产业一体化主要表现为产业目标一体、产业功能对接、产业布局协同和产业要素互通。

事实上，各城市的资源禀赋、生产要素的类型、数量、质量等都存在差异，产业发展基础和比较优势各不相同。基于互惠互利发展需求，客观上存在城市间加强生产要素互通有无，借助周边地区实现本地区产业发展的倾向，从而推动加强区际产业发展合作，促进各地相对优势整合转化为区域绝对优势，提升整体利益。这成为城市群各城市参与产业一体化发展的动力来源。

城市群产业一体化是在城市群产业发展总体设计框架下，各城市遵循产业规律，发挥比较优势，通过科学合理的制度安排，促进生产要素自由流动和合理配置，加速产业企业整合与再重组，提升产业专业化水平、集聚化程度和创新能力，构建城市间紧密联系、有序运行和共同进步的产业分工协作发展新格局，实现经济效益最大化并促进城市群经济一体化目标的实现。本质上，城市群产业一体化是实现更加科学高效的产业分工协作。

实践表明，城市群产业分工协作水平越高，越有利于实现规模经济，从而可以加速各类要素资源的优化配置，促进基础设施、区域市场等方面的一体化进程。反之，产业分工协作发展滞后，则可能在导致多种城市群经济一体化发展阻碍。产业分工协作不仅是城市群经济一体化发展的主体内容，还是有效手段和重要路径，必须遵循产业发展客观规律，结合城市群发展的实际与需要。具体而言，城市群产业分工协作首先表现为各城市群产业发展目标功能的衔接，各城市既要基于自身情况做出产业发展选择，又要置身城市群内加强产业对接，通过城市群产业结构优化来提升资源配置效率。

二、城市群产业一体化发展的一般模式

城市群产业一体化发展是跨区域产业分工协作和区域内产业结构优化的有机结合，一般有产业链纵向推进、产业集群技术协同、大企业蛛网辐射、产业异构互补四种模式。

（一）产业链纵向推进

城市群内产业或企业间存在"供—需"的上下游纵向配套关系，由此形成产业链或供应链。城市群各城市按照产业链的不同环节、工序乃至模块进行专业化分工，可以形成实物分工、价值分工和技术分工等不同表现形式。由于各城市的区位条件、产业基础、资源禀赋与创新能力等相对优势的差异，基于对优区位的追逐，产业链不同环节趋向于分散布局在不同经济区域，而非集中分布。劳动地域分工形成了各城市专业化生产。在纵向经济一体化过程中，在各种产业或生产组织的产业链条上，相同或相近的某种中间产品可能转移到生产此类中间产品具有比较优势的同一区域的其他城市进行生产。为追求尽可能高的劳动生产率和收益最大化目标，甚至对于各种产业链条上同类型或者相关联、能够替代的中间产品，同样可能在同一区域进行大规模的集中生产。[1] 因而，产业链对专业化分工效益的追逐也是各环节空间分离的重要原因。基于产业链不同环节在城市间的分工，能连接起多个城市和多个部门，促进城市群经济一体化和城际产业分工协作关系向更深层次发展。因此，加快城市群产业一体化的关键是要寻找既能推进城市间合作，又能协调城市间利益的有效载体，即城际战略产业链[2]。

（二）产业集群水平协同

城市群内产业并不都存在上下游纵向产业链关系。受规模经济与范围经济影响，城市群面对共用资源、共性技术，以及相同市场的产业或企业往往具有空间集聚的趋势，而形成产业集群。产业集群通常以某个主导产业为主，是同类产业与关联产业累积形成的产业空间组织形式，因而首先表现为空间集聚优势。产业集群强调资源要素整合、优势互补、技术进步与协同创新，其发展路径主要取决于具有主导作用的产业特征。产业集群内企业以同类或关联产业为基础，以相同或相似的技术和市场为核心，通过共享共同要素资源配置相互连

---

① 安虎森. 区域经济学通论 [M]. 北京：经济科学出版社，2004：539.
② 朱英明. 长三角城市群产业一体化发展研究——城际战略产业链的视角 [J]. 产业经济研究，2007（6）：48－57.

接，在企业间形成广泛认可、共同遵守的行为规范和准则，彼此间建立密切的市场和技术领域合作关系，增强行业抗风险能力，降低生产和贸易成本，从而产生规模经济效应、范围经济效应和技术溢出效应。产业集群水平协同分工模式的基础在于资源要素共享的可行性，要素、技术、市场等资源共享程度越高，城市群内跨区域产业水平协同发展的可能性越大，同时也有利于产业集群内企业的技术与管理模式的创新，进而从技术和管理上推动深化产业分工合作。如果产业链纵向推进模式适用于上下游供应关系的产业，那么产业集群水平协同模式则适合于具有技术和市场共同性的产业，集聚并实现产业"水平"分工协作。

（三）以大企业为中心蛛网辐射

大型企业，尤其是行业头部企业、领军型企业，在区域经济发展中扮演着极其重要的角色，甚至决定着某些城市的职能定位和高质量发展。以大型企业为核心，吸引、集聚和培育上游原材料供应商、下游应用企业以及研发机构、营销机构、物流企业等配套企业，依据与大型企业关系的紧密程度形成圈层布局，依据生产链条形成纵向布局，从而构建起各类企业关联拓展的蛛网型分工协作结构。主导企业发挥着龙头引领的作用，专注于应对市场变化、研发核心技术、制造关键环节与开拓下游市场等，对生产要素准备、生产制造、仓储运输、营销配送等环节进行适度剥离，转移到周边城市或企业，从而形成以主导企业和其他企业间紧密业务往来为依托的产业分工协作格局。基于以大企业为中心的蛛网关系，主导企业在城市群内发挥辐射带动作用，同时对相关的配套体系具有相应的要求并形成发展影响。政府合理运用政策有利于扶持和促进主导产业或大企业发展，进而加速这种产业分工协作格局的形成。以大企业为中心蛛网辐射模式主要适合于产品较复杂、系统集成性较强的产业，对成渝城市群汽车、装备制造、电子信息等产业分工合作具有一定价值。

（四）产业异构互补发展

当城市间产业或产品结构存在差异，甚至产业发展资源要素、制约因素和发展阶段等都不同时，可以通过异构互补和产业梯度转移，深化城际产业发展差异性，促使城市间企业优势互补、利益共赢。随着产业融合发展加速，不同区域、不同领域、不同产业、不同环节的协同发展都可能实现"1＋1＞2"的协同效应。因此，基于城市间合理的专业化分工体系，促进产业异构互补协同发展，既能实现产品优势互补与分工协作，又能获得整体大于各部分之和的协同效益。产业异构互补的内在动力是实现城市间共同经济利益，外在形势表现为正式的经济合同、战略联盟、共同规则等，以及非正式的联席会议、交流沟通、接触对话等，以构建形成有序的合作与竞争关系网络。由于产业或产品异构，市场机制在这种发展模式中的积极作用并不充分，因而需要政府实施合理的促进跨区域一体化的政策和措施，选择合适的互补发展产业领域等。这种合作模式主要通过共建产业园的空间合作和跨空间的网络虚拟合作等方式实现。

第二节　成渝城市群产业一体化发展的基础条件

成渝城市群的区位优势明显，要素资源丰富，科技创新基础好，产业体系较为健全，拥有电子信息、机械制造、汽车、食品饮料等多个具有全国优势的行业，奠定了产业分工协作与一体化发展的坚实基础。

一、产业资源与要素互补性

成渝城市群地处长江上游，属于亚热带季风气候，四季分明，土地肥沃，水热资源匹配良好，天然气、水能等资源富集，拥有丰富的野生动植物资源，且开发潜力巨大。

四川是资源大省，矿产资源丰富且种类比较齐全，能源、黑色、有色、稀有、贵金属、化工、建材等矿产均有分布，其中有32种矿产保有储量居全国前五位，天然气、钛矿、钒矿、硫铁矿等七种矿产居全国第一位，钛储量占世界总储量的82%，钒储量占世界总储量的1/3，水能资源理论蕴藏量占全国的21.2%，是中国最大的水电开发和西电东送基地，此外已发现天然气资源储量约占全国天然气资源总量的19%。四川先后获批成立中国（四川）自由贸易试验区和入选国家数字经济创新发展试验区。省会成都是西南地区的科技、贸易、金融中心和交通枢纽，也是国家重要的高新技术产业基地、贸易物流中心和综合交通枢纽，拥有双流机场和天府国际机场两大国际机场，蓉欧班列年度开行和累计开行数量连续多年位居全国第一。

重庆是西部地区唯一的直辖市，拥有经济自主权、改革灵活性等优势。重庆有长江上游最大的内河主枢纽港重庆港，奠定了其在长江上游地区的经济、金融、科创、航运和商贸物流中心地位。在几十年的发展历史中，重庆成为我国西南地区最大的工商业城市、国家重要的现代制造业基地。重庆汽车摩托车产业长期位居全国前列，形成"1 + 8 + 1000"汽车产业格局，产业本地配套率超过 80%。重庆建成了世界级笔记本电脑装配基地，形成电子信息"芯屏器核网"全产业链，产值占工业的比重超过 1/4。在这里，布局着中国（重庆）自由贸易试验区、中新（重庆）战略性互联互通示范项目、两江新区、渝新欧国际铁路等战略性产业发展要素。此外，重庆也有丰富的矿产资源、水能资源和生物资源等。

综合来看，川渝两地在产业发展要素上既有一定的相似性，又具有较强的互补性，成渝城市产业分工协作和一体化发展具备良好的资源禀赋基础。

二、产业体系与发展基础

新中国成立后，特别是在"三线"建设时期，重大项目、资金要素、产业工人和科研机构等向西部集中，四川（含重庆）初步建立起现代工业体系。西部大开发以来，成渝城市群机械制造、汽车、电子信息、化工、医药等行业快速发展。根据《四川统计年鉴》《重庆统计年鉴》公布的数据，2000 年成渝城市群地区生产总值为 5000 亿元，到 2017 年成渝城市群地区生产总值突破5 万亿元，2018 年达到 5.59 万亿元，充分表明产业发展迅速，成为区域综合实力提升的重要支撑（见图 5 - 1）。

从三次产业结构看（见图 5 - 2），2008 ~ 2018 年成渝城市群实现从"二三一"向"三二一"的转变，2018 年三次产业结构比为 8.4∶43.4∶48.2。其中，第一产业增加值比重呈逐年下降趋势；第二产业增加值占比呈先升后降趋势，从 48.9% 增加到 52.5%，经历一段时期的缓慢下降后，自 2015 年加速下降，2018 年为 43.4%；第三产业增加值占比呈波动上升趋势，在研究期间内提高了 12 个百分点，表明成渝城市群现代服务业呈现加速发展态势，在经济发展中占据绝对主导地位。

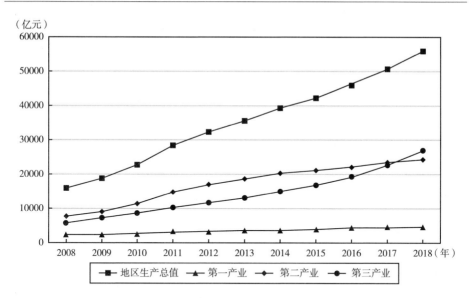

图5-1 成渝城市群三次产业发展情况

数据来源：根据历年《四川统计年鉴》和《重庆市统计年鉴》整理计算。

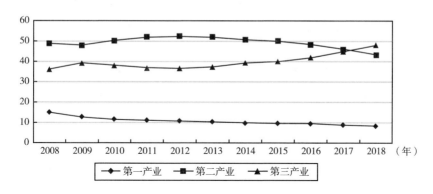

图5-2 成渝城市群三次产业结构的演变

数据来源：根据历年《四川统计年鉴》和《重庆统计年鉴》整理计算。

从川渝两地发展部署看，四川先后提出实施"8+5"工程、培育六大支柱产业、发展四大特色优势产业、壮大七大支柱产业，以及着力打造形成"7+7+5"工业产业体系。2019年，四川提出加快构建"5+1"现代工业体系、"4+6"现代服务业体系和"10+3"现代农业体系新部署。重庆则集中打造通信设备、高性能集成电路等十大重点战略性新兴产业以及汽车摩托车、装备制造、化工等五大传统优势产业。近年来，按照加快形成支柱产业多元、市场活力迸发的现代产业新体系发展思路,持续巩固提升智能产业、汽车摩托车两大支柱产业集群,培育壮大装备、材料、生物与医等产业集群。在此过程中,以战略性新兴产业为重点的高新技术产业优势日渐突出。统计数据显示,2018~2020 年四川高技术制造业增加值分别增长 13.6%、11.7%、11.7%,重庆规模以上工业战略性新兴产业增加值分别比上年增长 13.1%、11.6%、13.5%,高技术制造业增加值分别增长 13.7%、12.6%、13.3%,新产业新业态新模式逆势加速发展,特别是成都在全国率先系统提出发展新经济,其新经济发展指数位居全国前列,成渝城市群产业发展新动能持续壮大。

三、产业集聚与园区发展

在产业发展演进过程中,企业趋向于选择交通便利、成本效益更好的优势区位,特别是受规模经济与范围经济影响,为减少中间产品流通成本、共享技术创新和共同市场,产业往往呈现空间集聚趋势,形成产业集群。长期以来,成渝城市群产业布局主要集中在交通相对便利的成都平原、长江沿线和成渝中间地带,产业集中发展趋势相对明显。在产业集中发展过程中,政府借助于规划引导和强制手段,促进产业向园区集中,从而产业园区是产业集群空间集聚的主要载体。城市群内各级各类园区集聚多样化或专业化的关联企业,相互协作形成产业集群有机体。

目前,成渝城市群拥有两江新区、天府新区两个国家级新区,是产业集群化和高端化发展的重要载体。自 20 世纪 90 年代开始,培育各级各类产业园区,如今成渝地区形成了以国家级高新技术产业开发区和经济技术开发区为引领,省级产业园区为主体,市县级园区为补充,特色专业园区同步发展的产业园区网络格局。目前,成渝城市群拥有 11 个国家级高新区、10 个国家级经济技术开发区,以及大批省市级开发区、经济技术开发区、集中发展区、农产品加工区、物流园区等。基于历史基础和规划引导,多数园区具备优势突出、特色明显的支柱产业,如依托雄厚科技实力,发展高新技术产业的成都高新区、绵阳高新区,以及依托产业基础发展的德阳重大技术装备制造业基地、乐山硅材料基地和泸州酒业集中发展区等。此外,2020 年以来,四川先后规划部署设立宜宾三江新区、成都东部新区、南充临江新区和绵阳科技城新区四个省级新区,成为成渝地区产业发展增量拓展和科技创新资源集聚的重要承载区。

从园区布局选择看，多数园区具有明显的区位导向性，主要是靠近交通通道沿线或交通枢纽、城市建成区或消费市场以及科教资源等，并结合各地重点产业发展现状基础、地方政府产业规划和资源禀赋，形成了成德绵、渝西、成渝发展轴三大产业园区重点分布区域（见图5－3）。综合判断，成渝城市群产业园区不仅优惠政策最集中，而且具备相对完善的产业基础和配套体系，为成渝城市群产业集群发展提供了良好条件。

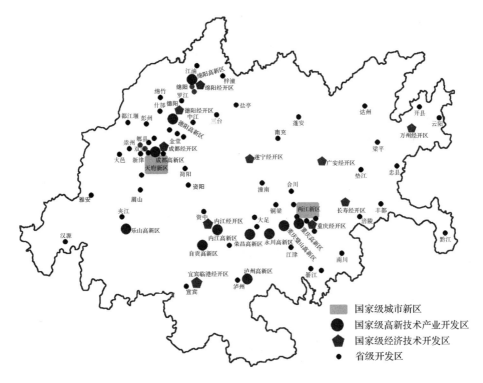

图5－3　成渝城市群重点产业园区布局

资料来源：根据相关资料整理绘制。

四、产业链培育与科技创新能力

城市群发展过程中，通常倾向于选择优势区域发展产业，产业链不同环节在城市群内的空间分散布局，其主要源于资源、人才、科技与创新能力在不同城市的空间分布。特别是随着新技术的出现与广泛应用，技术与创新优势成为产业选择区位的重要影响因素。产业链竞争力取决于各部门、各环节的技术水平,而产业链整体技术的改善则依赖于产业链各环节的协同创新。城市群产业一体化发展由此演变为多方创新主体沿着产业链在多个环节创新,并实现创新成果应用效益最大化的协同过程。进入"十四五"时期,围绕产业链部署创新链、围绕创新链布局产业链已经成为全国各地的共同选择。

成渝城市群科技创新资源丰富,拥有各类普通高等院校 173 所,在校学生达 240 万人以上。得益于"三线"建设时期大量布局科研机构,成渝地区以国防军工及军民融合为重点,形成多个领域的科技创新优势。当前,科研机构数量众多,拥有国家重点实验室 26 个,国家工程技术中心 26 个,两院院士 79名,11 个国家级高新区等优质创新资源,此外还有大批诸如天府实验室等高能级国家创新平台正在建设当中。成渝城市群还有全国唯一以科技命名的城市绵阳,这是中国重要的国防科研和电子工业研发与生产基地。2020 年中央财经委员会第六次会议提出,使成渝地区成为具有全国影响力的科技创新中心,要求以"一城多园"模式共建西部科学城。川渝两地研发经费投入逐年快速增加,研发经费占 GDP 的比重不断提高,科技创新能力持续提升,科技与经济社会发展深度融通,为产业转型升级和一体化发展提供了重要驱动力(见表 5 - 1)。

表 5 - 1　　　　　　　　2018 年川渝地区研发活动、专利和技术情况

地区	研发经费 (亿元)	研发经费占 GDP 的比重(%)	专利申请量 (项)	专利授权量 (项)	技术交易额 (亿元)
四川	737.08	1.81	152987	87372	410.99
重庆	410.2	1.95	72121	45688	216.85

数据来源:《四川统计年鉴—2019》《重庆统计年鉴—2019》。

第三节　成渝城市群产业一体化
发展的实证分析

成渝城市群产业基础较好,但产业趋同发展现象依然存在,制约着成渝城市群经济一体化发展。本书采用克鲁格曼指数、产业结构相似系数与区位熵等常用工具,分析成渝城市群产业分工协作和专业化情况,进而反映成渝城市群产业一体化发展历程与现状。

一、产业地区结构差异

自克鲁格曼（2000）建立地区间结构差异指数以衡量两个地区间的分工和专业化程度以来，克鲁格曼专业化指数被广泛应用，以测度地区间产业结构的差异程度与地区间行业分工水平。公式为：

$$GSI = \sum_{k=1}^{n} |S_{ik} - S_{jk}| \qquad (5-1)$$

在式（5-1）中，GSI 为克鲁格曼专业化指数，S_{ik}、S_{jk} 分别为 i 城市和 j 城市 k 产业部门在所有产业部门从业人员数中的份额，n 为产业部门数。$GSI \in [0, 2]$，指数取值越大，表示地区间产业分工程度越高，由地区间分工而造成的产业结构的差异也越大，城际产业互补性越强；反之，产业结构差异程度越小，区域间产业分工水平越低，地区专业化程度越低。

从四川和重庆非农产业[①]来看，产业行业结构高度相似，专业化程度长期处于较低水平，2009~2018 年川渝非农产业克鲁格曼指数（GSI 值）总体保持在 0.21~0.28，呈现出先下降后略有回升的趋势，2014 年达到最低（0.211），2018 年回升到 0.262（见图 5-4）。究其原因，区域产业结构同构程度与地区间经济发展水平的接近程度成一定正比关系（陈建军，2004）。川渝地理区位毗邻，产业发展资源、政策和市场等要素禀赋相似度高，经济发展阶段和发展水平接近，居民人均可支配收入差距不大，需求偏好与消费层次接近，从而区域间存在着相似的供给与需求结构，进而形成相似的生产函数，导致川渝两地一定程度的产业同构发展。

从 2018 年成渝城市群城际非农产业的专业化程度来看（见图 5-5），宜宾与泸州的产业发展特色优势最为突出，不仅宜宾与泸州间产业专业化指数为成渝城市群城际最高，而且与成都、重庆的产业差异程度也高于其余城市。这主要是因为泸州的建筑业发展迅速、宜宾的采矿业拥有传统比较优势，使其从业人员规模占据较大份额。乐山、达州、资阳、南充等城市部分产业快速发展

---

① 具体包括采矿业，制造业，电力、热力、燃气及水生产和供应业，建筑业，交通运输仓储及邮政业，信息传输及软件和信息技术服务业，批发与零售业，住宿和餐饮业，金融业，房地产业等 18 个大类行业。

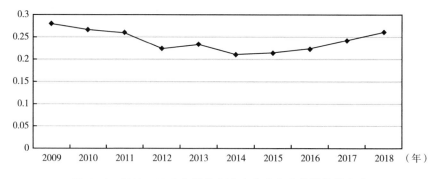

图 5-4　2009~2018 年川渝间非农产业专业化指数的变动

成为特色优势,与成都、重庆等城市间产业行业专业化指数相对较高。相对而言,重庆、成都、绵阳、德阳、自贡、内江、雅安等城市间产业同构程度偏高,克鲁格曼专业化指数偏低,这主要是因为就业相对集中在制造业、批发与零售业、住宿和餐饮业这三大行业。

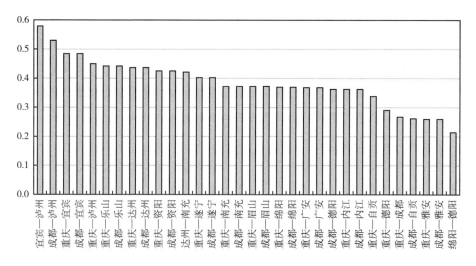

图 5-5　2018 年成渝城市群部分城际非农产业专业化指数比较

以四川和重庆规模以上工业行业[①]为考察对象,2018 年川渝间克鲁格曼专业化指数为 0.536,产业结构差异性程度略高于非农产业,这种变化主要源于产业的行业结构细分。从时间演变情况来看,川渝间克鲁格曼专业化指数稳定

---

① 具体包括煤炭开采和洗选业、石油和天然气开采业、黑色金属矿采选业、有色金属矿采选业、非金属矿采选业等 41 个工业行业。

在 0.54 左右，但行业差异性存在显著变化。2010～2018 年，重庆汽车制造业从业人员占规模以上工业从业人员的比重从 26.65% 下降为 19.52%，但仍为吸纳就业的首位行业领域；通信设备与计算机制造业快速发展，从业人员占规模以上工业从业人员的比重从 1.96% 激增至 15.43%；而煤炭开采与洗选业从业人员的比重从 11.59% 下降为 2.48%；化学工业占比同样呈现下降趋势。同期，四川计算机与通信设备制造从业人员的占比从 5.04% 增至 10.84%，成为四川规模以上工业就业的主要行业领域，从业人员数达 32.44 万人；汽车制造的地位相对稳定，从业人员占比稳定在 5% 左右。相较而言，2018 年四川食品制造和农副食品加工业从业人员的占比达 8.26%，远高于重庆（2.51%），酒、饮料和精茶制造从业人员的占比达 6%，比 2010 年提高了 1.5 个百分点。不难发现，汽车、电子信息产业在四川和重庆均占据重要地位，是经济增长和就业的主要支撑。川渝两地工业行业既有同质性（汽车、电子信息），也有食品、饮料等行业专业化差异性。

二、产业分工测度

城市间产业分工水平与产业结构差异性、经济互补性和城际经济联系紧密度等具有正相关关系，产业结构的差异性在很大程度上决定了地域分工水平的高低和经济互补性的强弱，进而影响城际经济联系程度。产业结构的差异程度通常采用产业结构相似系数进行衡量。公式为：

$$S_{ij} = \frac{\sum (x_{ik} \times x_{jk})}{\sqrt{\sum (x_{ik}^2) \times \sum (x_{jk}^2)}} \qquad (5-2)$$

在式（5-2）中，x_{ik}、x_{jk} 别为 i 区域和 j 区域 k 部门特征值（如从业人员、产值占比）。$0 \leq S_{ij} \leq 1$，S_{ij} 越接近 1，则区域产业结构相似性越强；反之，则差异性越强。

新中国成立后，受国家总体战略部署调控，川渝地区城市间产业优势差异相对明显，在客观上存在分工，但合作较少的局面。进入 20 世纪 90 年代后，各类产业发展要素加速集聚，全球范围内出现产业转移，大批现代工业企业和新型产业园区不断兴起，川渝地区产业进入新的发展阶段。此后，重庆、成都与成渝产业带相似系数较大，产业结构相似程度高，显现出川渝地区产业结构逐渐趋同的趋势①。

四川和重庆的相关统计数据显示，近年来四川和重庆三次产业结构逐渐演变趋同。2008 年，重庆第三产业占比较四川第三产业占比高 9.2 个百分点，但到 2018 年，四川和重庆第三产业占比基本相当，第二产业占比差异不大（见图 5 - 6）。

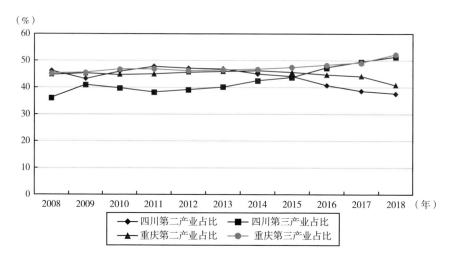

图 5 - 6　四川和重庆第二、三产业占比演变

进一步对川渝地区工业结构相似度的测度表明，工业结构相似系数从 2009 年的 0.538 增加到 2018 年的 0.829，提高了 54%（见图 5 - 7）。这表明四川和重庆产业结构相似系数总体呈现上升趋势，且相似程度达到较高水平。这在一定程度上阻碍了城市群内产业的合理分工合作。

究其原因，在于行政区划与体制障碍。在地方政府主导经济发展模式下，各地纷纷规划构建本地区现代产业体系，导致原有产业分工格局被打破；同时，立足本地规划产业而缺乏城际产业协调，导致产业结构趋同。除汽车、摩托车和家具制造外，重庆"十一五"规划确定的重点产业与四川重点发展的产业基本相同。在"十二五"期间，川渝均规划重点发展高端装备制造、电子信息、新材料、生物医药、汽车制造等产业。在"十三五"时期，成渝城

　　① 方一平. 成渝产业带产业结构的相似性及其结构转换力分析 [J]. 长江流域资源与环境，2000 (1)：21 - 26.

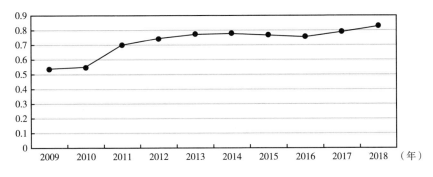

图 5 - 7　四川与重庆工业结构相似度变化趋势

市群 16 个地级以上城市中分别有 15 个选择了生物医药，13 个选择了装备制造和新材料，10 个选择了石油天然气化工和食品，9 个选择了电子信息和建材，8 个选择了新能源汽车和纺织服装，作为重点发展的产业。政府"大而全"的发展规划部署和系列优惠政策的出台，在市场竞争中往往成为市场主体做出区位选择的重要考虑因素。

三、产业专业化与集群测度

区位熵是衡量某产业部门的专业化程度，或者某区域在更高层次区域的地位和作用的重要指标。通过计算区位熵，可以找出该区域具有比较优势的专门化部门，反映区域特定产业的专业化水平。公式为：

$$LQ_{ij} = \frac{q_{ij}/q_j}{q_i/q} \qquad (5-3)$$

在式（5 - 3）中，LQ_{ij} 是 j 地区的 i 产业在更大区域的区位熵，q_{ij} 和 q_j 分别为 j 地区的 i 产业和全部产业的相关指标，q_i 和 q 分别为更大区域 i 产业和全部产业的相关指标。LQ_{ij} 值越高，产业集聚水平就越高，当 $LQ_{ij} > 1$ 时，可认为 j 地区的 i 产业处于领先水平，具备专业化优势；当 $LQ_{ij} < 1$ 时，则认为滞后于行业水平。

因产业集群客观上存在产业规模要求，因而本书重点讨论成渝城市群主营业务收入[①]超千亿元的工业各行业集聚发展情况。采用 2019 年统计年鉴有关

---

① 因全国统计指标缺乏工业总产值数据，本书采用工业各行业主营业务收入指标数据。

数据，计算四川、重庆和川渝地区工业主要行业区位熵。

结果显示（见图 5-8），目前成渝城市群多个行业具有全国专业化优势。

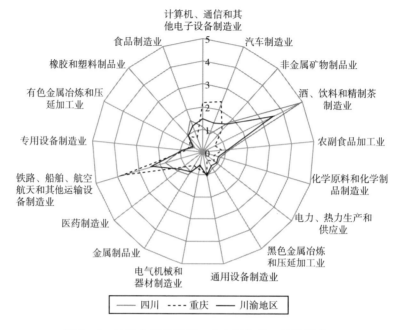

图 5-8　2018 年川渝地区工业主要行业区位熵雷达图

第一，川渝地区电子信息产业和汽车产业均具有比较优势。2018 年，计算机、通信和其他电子设备制造业主营业务收入达 9284 亿元，汽车制造业主营业务收入为 6696 亿元，二者区位熵分别为 1.46、1.36，产业集群发展效应开始显现，电子信息产业集群已具备国际影响力。第二，川渝地区的酒、饮料和精制茶制造行业区位熵达到 3.52，具有明显集聚优势。四川的酿酒史悠久，拥有大批白酒品牌，形成了白酒行业最大的产业集群。同时，四川的精制茶产业快速发展，茶产业综合实力跃居全国第二，饮料和精制茶产业集群具有明显的特色优势。第三，依托重庆铁路、船舶等制造优势和四川机车、航空航天等制造优势，川渝地区铁路、船舶、航空航天和其他运输设备制造业区位熵达 2.4，高端装备制造产业在全国具有比较优势，航空航天产业集群正在形成。第四，川渝地区在医药制造（1.3）、食品制造业（1.2）、农副食品加工业（1.1）等方面具备一定的竞争优势。川渝地区培育了一批知名医药企业，整合华西医院、西南医院等医疗资源，具备医药产业集群发展的良好基础。在食品加工方面，随着川菜在全球范围内流行，具有区域特色的川菜产业快速发展。第五，基于非金属矿物制品业（1.6）的比较优势，新材料产业已经形成比较优势，石墨烯、硅材料、新能源和新材料、光伏、光电新材料等发展势头良好。此外，成渝地区的石油化工、天然气化工、盐化工等产业基础较好，规模较大，产业优势明显，具备整合形成化工集群的条件。

四、产业一体化可能性分析

选取 2008～2018 年成渝城市群地区生产总值（GDP）和三次产业相关数据，通过研究成渝城市群经济增长和产业结构的互动演进关系，可以反映成渝城市群产业一体化进程及可能性。以成渝城市群的地区生产总值（GDP）之和表示经济增长指标，记为 Y；采用第一、二、三产业的增加值作为产业结构的代表变量，分别以 X_1、X_2、X_3 表示。为消除可能存在的异方差，对相关经济指标进行自然对数处理，记为 $\ln Y$、$\ln X_1$、$\ln X_2$ 和 $\ln X_3$。假定其他因素对经济增长影响不变，模型表示如下：

$$\ln Y = u + \beta_1 \ln X_1 + \beta_2 \ln X_2 + \beta_3 \ln X_3 \tag{5-4}$$

运用 Eviews10.0 对上式进行估计，结果如下：

$$\ln Y = 1.120914 + 0.086924 \ln X_1 + 0.406784 \ln X_2 + 0.487126 \ln X_3$$
$$(15.84785) \quad (3.2304) \quad (42.7573) \quad (39.7594)$$
$$R^2 = 99.9\% \quad F = 159423.9 \quad DW = 1.014573$$
$$AdjR^2 = 99.9\% \quad Prob(F) = 0.00$$

回归分析结果表明，模型修正后的可决系数为 0.9999，说明该模型拟合优度较高。成渝城市群经济增长的绝大部分差异可以通过三次产业的实际增加值来进行解释，产业支撑着成渝城市群经济发展。但是，由于 DW 统计值为 1.014573，偏离 2 的程度比较大，说明模型的残差序列存在自相关。为了剔除自相关，进行 LM 检验，得出滞后 3 阶是最好的结果，因此，加入 AR（3）项，其结果为：

$$\ln Y = 1.159363 + 0.080689 \ln X_1 + 0.402936 \ln X_2 + 0.492342 \ln X_3 - 0.926754 AR(3)$$
$$(18.49506) \quad (3.067213) \quad (39.15452) \quad (54.29314) \quad (-4.837098)$$
$$R^2 := 99.9\% \quad F = 354632.6 \quad DW = 1.661095$$

在加入滞后项的估计结果中，各个参数都较为显著，因为模型中有了滞后项，DW 检验已经没有效果，进行 LM 序列相关检验，不拒绝原假设，说明不再存在序列相关。

进一步分析，从成渝城市群经济增长的贡献度来看，主要是第三产业和第二产业。假定在其他条件不变的情况下，成渝城市群第三产业和第二产业实际增加值分别增长 1%，GDP 分别相应增长 0.492 个百分点、0.403 个百分点。相较而言，第一产业的贡献度最小，且与第三产业、第二产业存在较大差距。第一产业每增长 1%，其 GDP 总量才变动 0.081 个百分点。综上所述，2008 ~ 2018 年，成渝城市群区域经济增长主要依靠第二产业和第三产业。同时，由于第二产业和第三产业对经济发展的贡献度相差不大，说明成渝城市群区域第二产业和第三产业处于相对均衡的发展状态，产业特色与优势不明显，尤其是具有支撑作用的新兴产业的培育与快速发展相对不足。因此，成渝城市群产业一体化与区域经济发展需要继续强化第二产业和第三产业的支撑作用，加快培育新的经济增长点，同时最大限度挖掘第一产业的发展潜力。

第四节　成渝城市群产业一体化发展的实现路径

总体来看，成渝城市群产业一体化发展的基础条件较好，但面临着行政区划分割带来的产业同构发展、产业门类相似、互补性不强、专业化有待提升、创新支撑不足等诸多问题。在成渝城市群经济一体化过程中，推进产业一体化发展，需要从不同层次、不同维度综合施策，既要加强产业"水平"协同，培育发展重点产业集群，又要加强产业"垂直"分工，打造城际战略产业链，同时加快产业转型升级和协同创新，提升专业化水平与产业优势。

一、重点产业集群的培育与发展

前面研究表明，成渝城市群产业发展集聚趋势明显，在电子信息等产业具有专业化优势，具有培育发展重点产业集群的良好基础。但成渝城市群优势产业多处于"形聚而神散"的集而不群阶段，部分产业具有规模优势，甚至是各城市同质发展，因而存在分散布局于各城市的情形。从城市群内部看，城市间缺乏有效的信息共享和互动合作机制，产业关联度差，如成都电子信息产业和重庆电子信息产业聚焦不同细分领域，有分工但缺乏协作，因而难以形成有竞争力的产业集群。结果是成渝城市群内同类企业的地理空间集中，协同发展效应没有形成，无法形成具有成渝标识度的高质量产品市场地位。

按照产业集群发展标准，并非成渝城市群所有优势产业都具备培育产业集群的条件，而应有所侧重，优先培育发展重点产业集群，夯实成渝城市群经济一体化发展的产业基础。基于成渝城市群产业集群发展基础，结合全球产业发展新趋势和国家规划部署，未来既要巩固提升汽车制造、电子信息、饮料食品、能源电力等具备较好发展基础的制造业产业集群，还要加快培育高端装备制造、航空航天、新材料等战略性新兴产业集群，同时围绕经济社会发展需要，加大文化产业、旅游业、现代金融、商贸物流等现代服务产业集群的培育力度。按照产业一体化发展要求，立足各重点产业"集群化"发展的基础和面临的关键制约，研究重点产业集群发展思路和针对性的政策举措。

培育成渝城市群现代产业集群，要充分发挥产业基础和品牌优势，加强现有各类产业园区功能重塑和产业定位研究，优化资源配置，不断增强成渝地区传统优势产业发展适应能力和提升市场占有率，巩固全球或全国竞争优势。要顺应科技革命和产业变革新趋势，重点加强关键核心技术研发投入力度，大力推动军民融合发展，联合推进价值链的高端领域、创新链的关键技术、产业链的关键环节实现重点突破。要顺应新一代信息技术的广泛应用，积极开发建设成渝城市群工业互联网、物联网等新型基础设施，建立城际产业、企业间沟通交流和协同合作新载体，搭建城市群内同类或关联企业交流平台，促进城市群内企业间形成供需关系、上下游关系，加速企业兼并重组，推进优势产业企业间加强水平分工协作。同时，要适应我国社会主要矛盾的变化和人民群众生活消费需求的变化，加大对现代服务产业集群的培育力度，既要与全球性城市群现代化服务业发展为准绳，同时又要体现巴蜀大地的地域特色。

二、城际战略产业链的选择与优化

尽管成渝城市群产业结构相似系数较高，但进一步分析可以发现，这种产业结构相似是产业门类的相似，而不是具体行业或产品的相似或相同。例如，四川和重庆均将电子信息产业作为主导产业，但重庆重点发展电子终端产品制造和集成电路、平板显示，四川重点发展集成电路、网络与信息安全、基础软件与工业软件等。又如装备制造业，四川重点发展轨道交通装备、节能环保装备、生物医药和高端医疗设备、油气钻采与海洋工程装备等，而重庆重点发展通航装备、智能装备、轨道交通等。即便是汽车产业，也存在不同品牌、不同档次、适应不同市场需求的差异性。这种同类且存在差别的产业发展既可以通过水平分工形成产业集群，又可以是垂直分工，为构建产业链提供了条件。

借鉴朱英明（2007）基于产业战略性和城际连接性选择城际战略产业链的方法，由于城际战略产业链不同环节分布在不同城市，不同城市的产业选择则可能是城际战略产业链部分环节基于最优区位指向的选择的结果。对成渝城市群各城市的"十三五"规划的产业发展重点进行梳理可知，成渝城市群可供选择的产业有27个行业，16个地级以上城市累计选择了162次，其中生物医药、装备制造、新材料、石油和天然气化工、食品、电子信息、新能源汽车等产业被多数城市选择。换句话说，这些产业具有分布在多数城市的空间布局特征。结合成渝城市群产业发展的现状特点和发展趋势，未来应重点围绕前述产业领域培育构建城际战略产业链。

然而，目前成渝城市群城际战略产业链构建面临诸多问题。一是川渝两地均致力于构建形成相对"完整"的产业链，如重庆已建立完整的汽车产业链，而四川同样打造了集整车和关键零部件的研发、制造、销售、维修为一体的产业链，但两地间产业链没能有机连接起来。二是城际战略产业链部分环节"散落"于各个城市，如生物医药产业链，而各城市因行业或产品种类的差异，形成了产业链的若干环节，但是各环节没有连接起来形成城际战略产业链。三是产业链条短，多数产业只有其中部分环节，且主要是产业链低端生产制造环节，如新材料产业链。多数城市只是引进生产某种新材料的设备，没有延伸形成自研发到新材料生产及产品下游应用的产业链。

要推进成渝城市群产业一体化发展，必须遵循产业链分工规律，根据各产业链实际来确定部门分工、产品分工、环节分工种类，同时顺应产业链各环节空间要求，推进各部门、产品、环节向优势区位集聚与转移。要立足成渝城市群城际产业发展的基础与优势，依托重点产业链各环节在城市群各城市的现状空间布局，通过产业链强链、补链、延链等方式，实现以产业链为主轴的城际产业发展优化组合和紧密联系，增强产业链的战略性和带动性，增强城市群优势产业发展竞争优势，从根本上加快成渝城市群产业分工协作格局的形成。

三、城市职能定位与产业选择

城市职能指城市在城市群中承担的分工和发挥的作用。围绕成渝城市群总体功能定位，立足各城市职能与比较优势，进行"点状"产业转型升级调整，是实现成渝城市群产业分工协作发展的重要途径。综合来看，成渝城市群各城市职能类型多样，具备一定的职能分工基础，部分城市形成了特色职能，如都江堰的旅游、绵阳科技城、德阳的重型装备制造、自贡的盐化工、泸州的白酒与天然气化工及港口运输、宜宾的白酒与能源等专门化职能较为突出。成都和重庆是综合性职能突出且经济实力较强，产业结构高级化、服务化趋势明显的核心城市。

尽管如此，成渝城市群城市职能与产业分工仍面临一些矛盾。一是部分城市职能不清晰，如内江、自贡作为成渝城市发展轴上的区域中心城市，城市综合服务职能不强，但其又完全放弃了"甜城"制糖业或弱化了"盐都"制盐业，专业化职能特征不明显。二是部分城市职能不合理，相对优势没能充分发挥，而综合优势又难以形成。例如，峨眉山拥有世界文化与自然遗产的优势，但其工业职能仍比旅游职能更为突出；万州、黔江分别为渝东北、渝东南的区域中心城市，服务与辐射区域发展能力与其当前的工业职能突出、服务职能弱化不相适应。三是部分城镇职能雷同，分工合作格局尚未形成，且产业竞争加剧。

按照在西部形成高质量发展的重要增长极战略定位，把成渝地区建设成为具有全国影响力的重要经济中心，各城市必须遵循劳动地域分工规律，明确各自的职能分工和战略定位，选择相应的产业发展重点，进而形成城市群一体化的产业发展格局。

中心城市。（1）重庆定位为国家重要现代制造业基地、国内重要功能性金融中心，西部创新中心和内陆开放高地。首先，要加快电子信息、交通装备、新材料、物联网等战略性新兴产业的发展，巩固提升汽车、机械、化工等支柱产业优势。其次，要充分发挥长江上游港口优势和交通枢纽的地位，把握"一带一路"和长江经济带建设机遇，提升科技创新和金融服务能力，强化现代物流、保税物流、跨境电子商务和商贸服务等的发展，促进产业服务化发展。最后，要顺应长江及三峡库区生态安全方面的要求，发展环保产业，促进产业发展绿色化。（2）成都定位为中西部先进制造业领军城市、全国服务业核心城市、区域创新创业中心和国家门户城市。首先，要突出发展电子信息、汽车产业、轨道交通和航空航天等，提升发展现代物流、现代金融、商务服务、商贸流通等现代服务业，构建以先进制造业为先导，产业联动发展、紧密配套的新型产业发展格局。其次，要充分发挥科技创新资源丰腴的优势，把握建设具有全国影响力的科技中心的发展机遇，加快天府新区和国家自主创新示范区建设，全面推进创新和创业，支持新经济加快发展，提升参与国际合作竞争的层次。最后，创新成都与周边城市的合作模式，加快与德阳、资阳、眉山等的同城化进程，推动要素流动、产业互补、创新联动、资源开发等领域的全方位合作。

区域中心城市。区域中心城市包括绵阳、德阳、南充、乐山、泸州、宜宾以及万州和黔江。这些城市应结合区域特点、产业基础和发展条件，加快产业和人口等发展要素的集聚，优化城市规模结构，分担核心城市部分产业功能，强化辐射带动能力和区域服务能力，弥补城市群结构性断档造成的城市辐射带动能力缺陷（见表5-2）。具体而言，绵阳、德阳和乐山应充分发挥经济与产业基础较好的优势，其中德阳在重型装备、绵阳在科技创新、乐山在世界自然文化遗产等方面具有优势，应主动与成都加强对接，打造成为成都都市圈重要次级中心和向北向南辐射的空间节点；万州、泸州和宜宾应充分发挥长江黄金水道和港口、白酒与化工产业发展优势，发展区际贸易和特色产业，带动长江沿线和渝东北、川南等地区的发展；南充和黔江应立足其产业基础，主动接受"双核"辐射，提升辐射与服务川东、渝东南地区经济发展的能力。

表 5 - 2　　　　　　　　　成渝城市群区域中心城市的职能与产业分工

城市	城市定位	重点产业
绵阳	国家科技城、以军民融合为特色的自主创新示范区和电子信息产业基地	电子信息、军民融合、新材料、节能环保、高端装备制造等
德阳	全国重要的重大装备制造基地，新材料、精细化工基地	重大高端装备制造业、新材料、节能环保、精细化工、名优食品等
乐山	国际旅游目的地、新能源产业基地	电子信息、清洁能源、新材料、全域旅游、康养服务等
万州	长江上游重要的临港经济产业基地、区域性综合交通枢纽	装备制造、纺织服装、现代医药、电子信息、临港产业、三峡旅游等
泸州	川滇黔渝结合部区域中心城市	名酒、装备制造、化工、能源、现代物流、商贸服务、文化旅游等
宜宾	川滇黔的区域中心城市	名酒、综合能源开发、新型化工轻纺、现代物流、绿色食品等
南充	南遂广城镇密集区的区域中心城市	石油和天然气精细化工、汽车及零部件、丝绸轻纺、有机农产品、商贸物流等
黔江	武陵山区重要的经济中心和综合交通枢纽	轻纺服装、新材料、生物医药、旅游、商贸流通等

重要节点城市。重要节点城市包括涪陵、长寿、江津、合川、永川，以及内江、自贡、遂宁、资阳、广安、眉山、达州和雅安。这些城市是特色优势产业集聚中心、先进制造业基地、特色专业化服务基地或重要的旅游城市。这些城市应充分挖掘其资源禀赋和产业积淀优势，主动承接成渝中心城市产业转移与辐射，培育壮大特色优势产业，提升专业化服务功能（见表 5 - 3）。

表 5 - 3　　　　　　　　　成渝城市群重要节点城市的职能与产业分工

城市	城市定位	重点产业
涪陵	重庆重要的先进制造业基地、区域综合交通枢纽	页岩气、汽车配套、生物医药、食品、化工化纤、商贸流通等
长寿	重庆重要的制造业基地、区域物流中心、寿文化旅游目的地	精细化工、钢铁、新材料、新能源、装备制造、电子信息、现代物流等

续表

城市	城市定位	重点产业
江津	重庆重要的先进制造业基地、川渝合作共赢先行区	装备制造、汽车和摩托车及零部件、新型材料、电子信息、食品工业等
合川	重庆重要的制造业基地、知名旅游目的地	汽车和摩托车及装备制造、材料、能源、电子信息、轻纺服饰、旅游等
永川	重庆重要的制造业基地、西部职业教育城、区域商贸物流中心	食品加工、智能装备、电子信息、汽车及零部件、特色轻工等
内江	重要的综合交通枢纽、现代产业基地	新材料、冶金、机械、食品、医药、电子商务、现代物流等
自贡	特色文化旅游城市、现代工业城市	盐及盐化工、新材料、节能环保装备、航空与燃机、文化旅游等
遂宁	重要的综合交通枢纽、现代产业基地	电子信息、机电与装备制造、精细化工、名酒、商贸服务、现代物流等
资阳	重要的先进制造业基地	机车、新能源汽车、节能装备、食品饮料、纺织服装、新型建材等
广安	川东北地区的交通枢纽、川渝合作示范的山水园林城市	电子信息、精细化工、生物医药、新材料、高端装备制造、旅游等
眉山	现代生态田园城市	机械装备制造、新材料、生物医药、文化旅游、现代物流等
达州	西部天然气能源化工基地、川渝鄂陕结合部交通枢纽	能源开发、新能源汽车、天然气化工、新材料、现代物流等
雅安	进藏物资集散地、川西特色产业基地、国际生态旅游城市	清洁能源、农产品加工、生物医药、现代物流、养老健康、生态旅游等

四、城际协同创新与产业升级

索罗经济增长模型等经典理论表明，产业竞争优势来源于科学进步与技术创新。城市群产业一体化发展的竞争力来源于多极地理创新源交互作用的区域创新网络[①]，形成有利于产业一体化发展的协同创新格局。目前已有研究更多地针对不同创新主体间。诸如"政产学研用"协同创新，探索产业企业与政府、高校、科研机构、目标用户等在科学技术创新、新产品研发、人才培养等方面发挥各自优势，建立协同关系。城市群产业协同创新过程是在协同创新的基础上增加了不同城市这一维度。总体上看，城际协同创新涉及创新环节、创新成果和创新衔接三大要素，即创新主体是谁，创新什么内容和创新成果应用及如何与相关环节衔接。成渝城市群创新资源丰富，但受行政区划和行业分割限制，部分创新资源仍相对独立和分散，如工程技术中心、重点实验室等都贴上了行业标签，高新区则被视为某特定区域的产业创新平台，而资源整合与协同创新不足，这导致成渝城市群开放融合的协同创新体系尚不成熟。因而，成渝城市群产业一体化发展，需要进一步加强现有创新资源的有效整合，构建功能完善的产业创新平台，围绕城市重点产业集群和城际战略产业链，加强关键领域和环节协同创新，这样才能形成产业一体化发展的创新源泉。

首先，建立城市群内产业战略联盟，形成同类产业众多企业密集联系机制。以汽车产业为例，目前重庆有 14 家知名厂商和上千家配套企业，而成都经济技术开发区集聚了 11 家整车企业和 300 余家关键零部件企业，资阳、泸州、自贡、德阳和绵阳等城市具有整车或零配件生产能力。通过建立成渝城市群汽车产业战略联盟，促进同种或具有替代性的中间产品生产企业加强合作或实施兼并重组，提升各环节供货能力，此外还能梳理发现缺失链环、弱势链环等，以采取具有针对性的措施。

其次，构建"政产学研用"的创新联盟，形成产业链技术创新上中下游及创新环境与最终用户的有机耦合机制。产业、学校、科研机构等应立足各自优势，围绕产业链各环节形成强大的研究、开发、生产及人才培养等有效衔接综合优势。以生物医药产业为例，成渝城市群有太极、恩威、科伦等医药企业，华西、三军大等知名院校和口腔疾病研究、生物治疗等国家重点实验室，14 个地级以上城市将生物医药确定为重点培育产业，因而具有围绕生物医药产业链构建"政产学研用"创新联盟的良好基础。

---

① 夏丽娟，谢富纪，付丙海. 邻近性视角下的跨区域产学协同创新网络及影响因素分析 ［J］. 管理学报，2017（12）：63 – 71.

最后，搭建完善的产业技术创新平台，着力加强基础研究和推动重点领域及关键环节协同创新，加强城市群与全球产业创新的有效对接。城市群地域空间范围有限，但大多数产业链涉及全球范围内的城市和地区，因而需要建立全球或全国范围内的城市联系。以计算机软件业为例，产业链上游是支持应用软件运行的操作系统设计研发产业，主要由美国的英特尔和苹果以及我国的华为等公司控制，而成渝城市群布局主要是在产业链下游，在操作系统框架下进行应用软件产业的开发设计及应用、维护等环节，因而需要加强与全球的经济联系，以保持应用软件开发的适应性。

第六章　成渝城市群区域市场一体化研究

区域市场是城市群资源要素配置的现实载体。建设开放有序的一体化现代区域市场体系是市场发挥资源配置决定性作用和各级政府更好发挥作用的客观要求，决定着城市群内各种生产要素和资源配置效率，是推动城市群经济发展质量与发展动力变革的必要条件。打破行政区划垄断和地区封锁，推进城市群形成区域一体化市场，按照市场规律和价值规律，加快商品和要素的自由流动和合理聚集，实现城市群内商品和要素的优化配置和高效配置，为城市群空间一体化、产业一体化发展提供了重要保障。逐步消除市场分割，建设成渝城市群一体化区域市场，既是我国加快建设高标准市场体系的重要组成部分，也是成渝城市群经济一体化发展的微观基础。

第一节　城市群区域市场一体化的内涵与意义

区域市场是全国和全球市场的有机组成，同时又因不同区域的特殊性而呈现出差异特征。准确认识以城市群为地域空间的区域市场一体化的内涵特征，认清其对城市群经济一体化的重要性，是推动城市群区域市场一体化，更好地发挥市场对资源配置的决定性作用以及城市群经济一体化发展的基础与前提。

一、城市群区域差异与要素流动

城市群经济一体化发展离不开必要的条件，包括资源禀赋、技术条件、中间品及消费品等经济发展要素的供给。由于各种生产要素在不同经济地理空间的分布存在差异性，包括在数量、结构、质量、种类、品牌、成本等方面的地域空间配置均存在差异。按照市场经济活动一般规律，自然资源、劳动力、资金、技术、信息等生产要素具有优区位布局倾向，存在自觉向边际收益最大的优势区位转移的趋势，从而呈现出生产要素向经济技术发展水平较高、产业结构层次更优、各类要素相对集中且经济效益更好的城市集中的趋势，而大城市集聚生产要素的能力明显强于中小城市。

在城市群内，商品和生产要素流动在供求机制、价格机制等的作用下，在更大的区域空间范围内优化配置，实现经济效益最大化。当然，不同要素有不同的流动方向，如劳动力、自然资源通常从乡村流向中小城市，进而流向大城市，而先进技术、资金、信息则首先在大城市产生或集中，并可能沿着相反的方向向外扩散。总结起来，生产要素总是向需求引力最大、投入产出收益最好、阻力最小且最易流入的方向流动。城市群生产要素的自由流动在客观上要求形成开放有序的区域市场，实现城市群市场一体化。

然而，我国城市群市场分割问题突出，市场一体化水平参差不齐。长三角城市群内城市间"以邻为壑"的现象依旧存在[①]，尽管在商品市场、要素市场、产权市场、市场监管等方面取得了一些成效，但市场一体化发展程度依然偏低[②]。京津冀劳动力市场一体化相对滞后，进入 21 世纪以来劳动力市场分割现象渐趋突出，与区域一体化现实需求不匹配[③]。珠三角城市群的市场分割程度不断下降，市场一体化水平在波动中逐渐提高[④]。长江中游城市群市场一体化水平同样加速提升，但还处于较低级的发展阶段[⑤]。

可见，市场一体化是我国城市群发展的共同任务。实现城市群市场一体化，需要推进不同市场之间相互作用，共同决定城市群内商品和生产要素的价格、供求关系，实现不同区域市场间的完全整合，通过合理的价格、供求机制

---

① 宋冬林，姚常成. 高铁运营与经济协调会合作机制是否打破了城市群市场分割——来自长三角城市群的经验证据 [J]. 经济理论与经济管理，2019（2）：4 - 14.

② 黄征学，肖金成，李博雅. 长三角区域市场一体化发展的路径选择 [J] 改革，2018（12）：83 - 91.

③ 陈红霞，席强敏. 京津冀城市劳动力市场一体化的水平测度与影响因素分析 [J]. 中国软科学，2016（2）：81 - 88.

④ 杨林，陈喜强. 协调发展视角下区域市场一体化的经济增长效应——基于珠三角地区的考察 [J]. 经济问题探索，2017（11）：59 - 66.

⑤ 李琳，谈艳，徐洁. 长江中游城市群市场一体化水平评估与比较 [J]. 城市问题，2016（10）：12 - 21.

引导商品和生产要素自由流动，最大限度地消除区域要素差异导致的经济发展差距，形成城市群经济一体化的重要支撑。

二、城市群区域市场一体化的内涵与特征

市场最早出现在原始社会末期，指买卖双方进行商品交换的场所。发展到现在，市场不仅指各种商品和要素进行交易的场所，也是各种交易行为的总称，即一切交换关系的总和。一体化发展就是针对不同地区间同类市场交易行为和关系，取消一切限制和壁垒，消除城际市场的差异性，实现区域间生产要素自由流动和商品自由贸易。

城市群经济一体化发展在客观上要求具有比较优势的商品和生产要素超越本地市场，立足城市群整体经济发展的需要，在更大的区域市场范围内外自由流动，实现优化配置和效益最大化，即需要打破市场分割、消除市场壁垒，推进区域市场的一体化①②③。城市群市场一体化是以城市群为地域空间范围，实现区域市场一体化，可以从状态和过程两个方面理解其内涵。它既描述了城市群内不同市场主体之行为受到同一的供求关系调节的状态，又描述了不同城市间的经济边界（economic frontier）逐步消失的过程④。

与区域市场一体化相对应的概念是区域市场分割。区域市场分割是指城市群内不同城市的市场主体受不同市场供求关系的调节，以及城市间存在大量贸易壁垒，导致城市间经济边界不断强化。市场一体化与市场分割具有反向关系，即市场分割程度越高，则市场一体化程度越低。推进城市群区域市场一体化，就是逐步消除城市间的经济边界，破除市场分割的过程，建立形成以市场发挥决定性作用的资源配置机制，实现产品和要素自由流动、资源优化配置。

推进城市群区域市场一体化，必须搞清楚区域内存在哪些限制和壁垒，即

① 孙久文．区域经济一体化：理论、意义与"十三五"时期发展思路［J］．区域经济评论，2015（6）：8－10．

② 姚士谋，武清华，薛凤旋，陈景芹．我国城市群重大发展战略问题探索［J］．人文地理，2011（1）：1－4．

③ 方创琳．科学选择与分级培育适应新常态发展的中国城市群［J］．中国科学院院刊，2015，30（2）：127－136．

④ 国务院发展研究中心课题组．国内市场一体化对中国地区协调发展的影响及其启示［J］．中国工商管理研究，2005（12）：22－25．

经济边界是如何形成的。学者们围绕地方保护主义（Young，2000）、政府过多行政干预（Poncet，2005）、财政分权（范子英，2010）、市场开放程度（陈敏，2007）等从不同视角进行了研究和讨论。概括起来，导致市场分割的影响因素主要包括四个方面。一是自然地理障碍，如山脉阻隔、江河阻断、空间距离，在交通基础设施缺乏或不完善的条件下成为市场一体化的天然屏障。范欣（2017）指出，基础设施建设作为物质基础，在打破市场分割过程中发挥着不可或缺的作用。交通基础设施的完善能降低区域间物流成本，弱化边界对经济一体化的影响（刘生龙，2011），特别是高铁这种新型交通运输工具，具有时空压缩效应，会显著降低市场分割水平，并使城市群内市场一体化的影响范围不断扩大（Chen，2012；Donaldson and Hornbeck，2016；Ahlfeldt and Fedderson，2018；宋冬林，2019）。二是地方政府的不合理行为。通过差异化政府补贴、差别化扶持政策、技术壁垒与准入限制、行政管制等经济、行政，乃至法律手段保护本地市场，限制区域内外商品和要素流动。汪后继（2011）认为长三角经济一体化最大的障碍在于制度不统一，联合治理和政策一体化是解决此障碍的唯一且合适的方式。张学良（2017）的研究表明，长三角城市经济协调会的成立能够显著降低地区间的市场分割，有利于推动区域市场整合和一体化发展。三是信息不充分，信息获取极其困难或成本极高，阻碍正常贸易和资源空间的优化配置。四是市场垄断和商业合谋。企业采取措施阻止产品流通以保障完全垄断地位。当存在寡头垄断时，则可能在寡头间形成某种协议安排以阻止外地产品进入本地市场。

城市群区域市场一体化主要包含以下基本内涵：第一，实现产品和要素在城市间的自由流动，形成一体化的商品市场、要素市场是城市群区域市场一体化的根本任务；第二，政府部门间加强交流和合作、建立协同联动机制和促进形成统一政策是城市群市场一体化的制度保障；第三，消除城市间自然地理形成的时空距离，构建完善的城际交通和通信网络是城市群市场一体化的现实载体。因而，推进城市群区域市场一体化发展，既要建设交通基础设施，为产品和要素流通提供硬性条件支撑；又要加强信息交流和合作，推进重点市场建设，完善社会主义市场体系；还要完善和维护市场有序竞争的制度和法律体系，提供行之有效的构建一体化市场体系的顶层设计和实施依据，彻底消除一切阻碍商品和要素流动的政策及制度根源。当然，最大的困难在于消除行政体制障碍，即破解地方政府的不合理行为形成的壁垒。

在城市群区域市场一体化过程中，表现出五个方面的特征。一是区域性，指在城市群地域空间范围内消除各种市场壁垒和限制，形成适应特定区域发展的一体化区域市场，在城市群内建立与城市群外并不完全相同的区域市场。二是统一性，即区域市场一体化应包括统一的市场规则、统一的管理制度，如统一市场准入、技术标准、退出机制、协同管理机制等，以及推进城市群市场受统一的供求关系影响，促进产品和要素价格趋同。三是开放性，体现为城市群内部的高度开放和外部的相对开放。因为城市群内地缘空间毗邻、社会文化相似、经济发展关联，更容易形成共同发展理念。这有利于构建城际交流沟通和合作关系，实现产品和要素自由流通，将城市群作为一个整体，与其他地区进行开放合作。四是有序性。应以区域性、统一性为基础，形成以市场机制调节为主，科学适度的政府调控为辅的城市群产品和要素流动的合理秩序，提供城市群区域市场有序和有效运行的规则。五是渐进性。城市群区域市场一体化不是短期的、静态的，而是逐渐消除障碍和壁垒、促进产业和要素自由流动、实现资源优化配置的持续性动态过程。

三、城市群区域市场一体化的重要意义

大量研究与实践表明，市场一体化与经济增长之间存在互相促进的内生因果关系，是经济增长的动力来源。西托夫斯基（T. Scitovsky）的大市场理论认为，当经济一体化演进到共同市场后，不仅实现了贸易自由化，而且创造了激烈的竞争环境，带来市场需求的扩大和规模经济效应的提高，实现地方经济快速增长[1]。我国的经济实践表明，市场分割导致效率的巨大损失，不利于经济增长（郑毓盛，2003），市场统一对经济增长具有明显的促进作用。尽管如此，短期内地方政府倾向于采取"以邻为壑"的发展战略，通过实施地方保护来改善本地企业的生存环境，特别是在落后地区，一定程度的市场分割在短期内会促进本地的经济增长；但从长期看，实施分割政策的机会成本会增加，造成国民经济运行扭曲、社会总产出减少、资源配置效率损失等，将不利于区

---

[1] T. Scitovsky. Economic theory and Western European integration [M]. Stanford：Stanford University Press，1958.

域经济增长①②。

这主要是因为，推进城市群市场一体化意味着各行业、企业拥有整个城市群的市场空间，有利于实现规模效应和范围效应，显著降低企业的生产与销售成本，从而获得更高的投资回报，并能刺激生产资本投入和研发创新投入增加，提升产业行业发展质量和水平。同时，通过产品和要素在更大的空间范围的自由流动和优化配置，强化城市间的竞争和合作，有利于各城市充分发挥比较优势，形成更加合理的分工合作格局，提升经济运行效率。

以要素和商品市场分割条件下，完全竞争厂商的生产决策为例，进一步分析在不同市场条件下的决策结果（见图 6 - 1）。首先，假定成渝城市群拥有一体化的要素市场和商品市场，那么产品价格为 p_1 时，边际收益曲线 MR_1 和边际成本曲线 MC_1 的交点 A 决定了该厂商愿意生产的产量为 Q_1。其次，假定由于成渝城市群行政区划障碍，要素市场进入分割状态，生产要素自由流动面临困难，资源配置区域非均衡导致城市间要素成本上升，进而使得厂商的边际成本曲线从 MC_1 向左上移动到 MC_2。在成渝城市群内面临商品市场不变的情况下，即厂商面临的边际收益曲线仍为 MR_1，厂商利润最大化的产品产量从 Q_1 下调到 Q_2，即在产品价格不变的条件下，追求利润最大化的完全竞争厂商会通过缩小生产规模、减少产量的方式应对要素市场分割。最后，再假定由于商品市场存在分割状态，为不完全竞争市场，厂商面临的边际收益曲线 MR_1 则可能倾斜变动为 MR_2，导致厂商利润最大化的产量将从 Q_2 进一步缩减为 Q_3，即市场规模限制进一步迫使厂商缩减生产规模。

总体上看，城市群内产品与要素市场分割对于城市群内资源优化配置和经济持续发展有不利影响。要推进城市群经济一体化发展，必须转变政府职能，深化体制机制改革和制度创新，努力消除行政区市场监管的规则与政策差异，清理不利于市场一体化的市场保护和行政分割行为，重点推进构建一体化的城市群商品和要素市场。

---

① 银温泉，才婉茹. 我国地方市场分割的成因和治理 [J]. 经济研究，2001 (6)：3 - 12, 95.

② 陆铭，陈钊. 分割市场的经济增长——为什么经济开放可能加剧地方保护 [J]. 经济研究，2009 (3)：42 - 52.

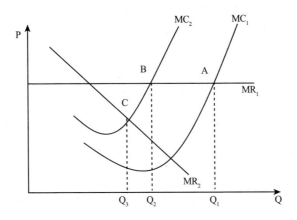

图 6 - 1　市场分割条件下完全竞争厂商的决策

尽管如此，城市群市场一体化也可能加剧中心城市与周边城市的发展差距，引发新的空间失衡。正如缪尔达尔、赫希曼等认为，市场机制会使一个地区获得连续积累的竞争优势，因而市场力量通常倾向于扩大区域经济差异。由于中心城市发展基础较好，优质劳动者、金融资本、先进技术，甚至信息都存在集聚趋势，而部分相对落后，甚至有污染的产业、技术、设备因中心城市成本增加而倾向于向外围城市地区转移，加剧了城市间和地区间发展失衡。因而，在城市群市场一体化过程中，应统筹协调"扩散效应"与"回波效应"，提升"扩散效应"积极作用以弥补"回波效应"负效应，使各城市获得同步经济发展。

第二节　成渝城市群区域市场一体化的发展进程

成渝城市群各城市的资源禀赋、经济基础、经济结构存在明显差异，城市间经济社会联系紧密，商贸往来频繁，如四川曾经是重庆汽车、摩托车制造业的巨大消费市场，同时四川又为重庆汽车工业提供了多种配套。随着交通条件持续改善，特别是受邓小平南方谈话的影响，成渝城市群内各类市场加速发展，商品贸易、资本流动、劳动力转移、信息技术交流等经济活动更加活跃。党的十四届三中全会作出关于建立社会主义市场经济体制若干问题的决定，强调要建立全国统一开放的市场体系。此后，发挥市场配置资源的决定性作用和政府的导向作用成为中国渐进式改革的主要实践（刘鹤，2016）。成渝城市群区域市场一体化大致经历了三个阶段。

一、成渝城市群市场主导竞争发展

在重庆成为直辖市之前，由于中央和省级政府对行政区域（省域）内不同城市市场干预较少，因而成渝城市群内城市间的商品、劳动力、资本、技术等的流动较为自由且能充分竞争。以成渝城市群最具特色的火锅行业市场为例，自1990年以来，重庆的小天鹅火锅、傻儿火锅、孔亮火锅、刘一手火锅、德庄火锅、奇火锅、胖妈烂火锅等重庆本地火锅品牌先后进入成都市场，而谭鱼头火锅等成都企业也积极拓展重庆市场。重庆的众多火锅企业与成都狮子楼、皇城老妈、谭鱼头等企业在高端品牌、价格优势等方面展开充分竞争，有效地促进了成渝城市群以火锅为代表的餐饮食品业的发展与提升。1986年建成的成都荷花池批发市场不仅是成渝城市群的商贸集散地，其辐射能力还达到云南、贵州、西藏等省区。

在重庆成为直辖市之后，由于短期内市场经济活动受地方政府干预较少，市场主导的区域市场统一取得了积极进展。2003年川渝中烟公司成立，有效打破了川渝间烟草行业的市场壁垒，建立起统一的烟草市场。在毗邻重庆的川东、川南地区形成"小车跑成都、大车跑重庆"的现象，成为川渝间经贸往来紧密的真实写照。然而，"分家"意识和行政壁垒逐渐对区域统一市场构建形成掣肘，政府开始在打破市场分割方面做出了积极探索与不懈努力。自21世纪伊始，成渝、川渝间通过签订合作协议、建立合作机制、开展合作交流等多种形式，加强不同领域的合作。特别是2004年2月重庆与四川党政代表团签署加强经济社会领域合作框架协议，以及交通、旅游等六项具体协议，标志着川渝竞争合作关系进入在政府主导下整体推进建设成渝经济区的新的历史阶段。

二、成渝城市群政府主导合作发展

在这一阶段，川渝两地签署《关于推进川渝合作、共建成渝经济区的协议》《四川省人民政府、重庆市人民政府关于深化川渝经济合作框架协议》

以及《川渝毗邻地区合作互动框架协议》等一系列协议，促进成渝城际动车尽快开通，但由于协议提出的合作事项缺乏明确具体落实方案及对责任主体的激励与考核，因而协议并未真正有效发挥作用。事实上，这并未缓解川渝两地在产业发展、招商引资等方面的激烈竞争，区域统一市场构建仍旧困难重重。电子信息历来是成都的优势产业，而汽车是重庆的优势产业。2007年成都确定打造专业发展汽车整车、配套零部件的"成都汽车工业园"，吸引和集聚了众多世界驰名的汽车产业巨头，逐步形成与重庆汽车制造业相媲美且具有国际影响力的汽车产业城。同时，2010年以来，重庆通过一系列改革和政策支持，吸引惠普、宏碁和富士康等企业集聚，促使电子信息产业强势崛起。

受美国次贷危机引发的全球金融海啸、四川汶川特大地震灾后重建等因素影响，在2008年前后，川渝两地政府采取了相对保守的态度以应对不断恶化的经济形势。特别是，资本要素自由流动和部分具有垄断性的生活消费品贸易面临着严重的市场壁垒限制。

2011年3月，国务院常务会议原则通过的《成渝经济区区域规划》明确要求破除地方保护和地区封锁，突破行政区限制和体制障碍，完善统一的市场体系，从国家战略层面安排部署成渝城市群加快建立统一的商品市场、要素市场、金融市场、人力资源市场等。然而，各城市间招商引资、技术创新、信息占有等方面的竞争从未停息，甚至川渝高层领导互访与联席会也"停摆"多年，而对部分领域（如知识产权市场、碳排放）的市场一体化探索也仅仅停留在签订战略合作协议阶段，缺乏实质进展。服务业市场分割同样存在，如成都和重庆均致力于打造西部地区的金融中心，2008年重庆银行全国首个分行在成都正式开业，2010年成都银行重庆分行正式开业，加快抢占金融市场。在政府主导下，川渝表面合作、暗地较劲，导致区域市场出现不同程度的分割，制约了成渝城市群经济一体化进程。

三、成渝城市群政府与市场协同推进

2013年党的十八届三中全会明确提出要使市场在资源配置中起决定性作用和更好发挥政府作用，进一步理顺政府和市场关系。自此，成渝城市群区域市场一体化进入政府和市场以及其他社会组织协同推进阶段。

　　首先，政府开展了一系列卓有成效的努力。2015 年 5 月，川渝签署达成加强合作、共筑成渝城市群的共识，明确将市场一体化作为区域合作的三项重点内容之一。2016 年 4 月印发的《成渝城市群发展规划》将"建立有利于要素自由流动的统一市场体系"作为基本原则，明确提出"阻碍生产要素自由流动的行政壁垒和体制机制障碍基本消除，区域市场一体化步伐加快"的发展目标，并对建立一体化管理体制，推进建设一体化的资本市场、劳动力市场、技术市场、土地市场以及共建市场秩序和信用体系等作出安排部署。2016 年 6 月，川渝间出台深化川渝务实合作年度重点工作方案，进一步明确了要加强市场一体化建设合作，提出了一系列具体行动与方案，形成了城市群市场一体化的良好制度设计和政策环境。2018 年，四川和重庆签署《深化川渝合作深入推动长江经济带发展行动计划（2018—2022 年)》，明确深化合作，推动金融、就业等市场一体化，同时还签署了加强市场监管专项合作协议。2019 年，川渝签署《深化川渝合作推进成渝城市群一体化发展重点工作方案》，坚持将市场一体化发展作为重点任务。2020 年，四川与重庆的市场监督管理部门共同签署《深化川渝市场监管一体化合作工作方案》，从市场培育一体化延伸到市场监管一体化，标志着成渝城市群市场一体化发展迈上新台阶。

　　其次，成渝城市群规划出台后，市场主体更加活跃，市场一体化步伐明显加快，企业合作方式逐步多元化。2016 年 9 月，成渝城市群内三大医药巨头科伦、恩威和太极决定共同组建中药公司，推动中医药市场协同发展。2016 年 10 月 1 日起，中国移动、中国电信和中国联通三大运营商取消重庆全市和四川 15 个城市间的长途通话费和漫游费，成渝城市群通信市场率先实现了同城化。特别是 2015 年 12 月 26 日成渝高铁正式开通运营和 2018 年 12 月 28 日川渝间在全国率先取消高速公路省界收费站，标志着成渝城市群市场一体化发展迈进新阶段。据初步统计，重庆在川投资民营企业有 5 万余家，四川在渝投资民营企业有 10 万余家，2018 年川渝相互引进对方投资分别到位 1457 亿元和 1696 亿元①。

---

　　① 川渝合作持续推进：在重庆投资的四川民企达 10 万余家［EB/OL］.［2020 – 11 – 01］. https://baijiahao. baidu. com/s？ id = 1682137734077674981&wfr = spider&for = pc.

四、成渝城市群区域市场一体化存在的问题

经过多年渐进性市场化改革，我国总体市场分割程度呈下降趋势，国内市场一体化程度不断上升（白重恩，2004；桂琦寒，2006；陆铭和陈钊，2009）。然而，并不能否认我国地方保护和市场分割仍然存在，并且西部地区的市场体系不健全，市场发育程度不高，市场经济不发达是不争的事实。成渝城市群同样面临着地方保护主义和市场分割，以及区域市场一体化滞后的现实问题。

首先，成渝城市群产品市场尚没实现完全一体化，特别是部分具有垄断性的生活消费品贸易仍面临着市场壁垒限制而局限于行政区划市场。比如，川渝两地政府均支持各自啤酒制造商的区域垄断行为，重庆啤酒和四川蓝剑啤酒消费市场分别限于重庆和四川省级行政区内，两家公司旗下品牌难以进入对方属地市场。又如，2016 年川渝中烟公司再次分家为四川中烟和重庆中烟，四川中烟明确了降低对"天子"品牌的依赖程度，着重培育"宽窄"和"娇子"两大品牌的战略思路，或将引发新的烟草市场分割。服务业市场分割同样存在，成都和重庆均致力于打造西部地区或长江上游的金融中心，蓉欧班列和渝新欧班列国际货运物流服务缺乏有效协同合作，重庆、泸州和宜宾等港口的物流服务市场长期缺乏统筹协调。

其次，要素市场分割仍然存在，人才、资金、技术、信息等要素市场一体化尚处于探索阶段。要素市场一体化建设过程仍面临诸多困境，最主要的仍是行政区划和体制机制导致的政策差异与不统一。随着城市群进入新的发展阶段，城市间在创新能力、人力资源等方面的竞争加剧，特别是各城市制定的高层次人才引进计划，在薪资报酬、科研经费、安家补助、个税减免、子女入学等方面存在明显差别，不能形成统一的区域人才政策环境。加之成都、重庆两个核心城市天然的人才集聚能力优势、城市间产业结构趋同导致人才需求类似，城市群内人才资源的争夺激烈，"人才过剩"和"人才紧缺"同时并存，不能有效整合城市群内劳动力与人才资源。

各地以自我为中心的发展和保护政策导致成渝城市群统一开放、竞争有序的区域市场体系建设滞后，以劳动力和资本为代表的要素市场、商品市场均存在市场分割，市场对资源优化配置的决定性作用发挥不足，在一定程度上制约着成渝城市群经济一体化发展。

第三节　成渝城市群区域市场一体化水平测度

由于地方政府会努力追求行政区边界内的利益最大化，从而同一行政区内的市场相对统一，因此，打破省际边界、实现跨省市协调往往成为区域市场一体化的主要目标（徐现祥，2005）。同样，成渝城市群市场一体化也面临这样的问题。通过测度四川和重庆间市场分割程度的变化，可以反映成渝城市群市场一体化的趋势水平。

一、评价方法与模型

目前，测度国内市场整合或市场分割程度的方法有三种：贸易流量法（Barry，1999）、生产法（许心鹏，2002；郑毓盛，2003；踪家峰，2008），以及相对价格法（Parsley and Wei，1996；桂琦寒、陈敏、陆铭，2006）。其中，基于市场一体化程度，以及产品与要素价格差异间存在密切联系，有学者采用相对价格法（Parsley and Wei，1996），以相对价格的方差为基础，即 var（p_i/p_j），认为方差如果随着时间的变化而趋于收敛，则说明相对价格波动的范围在缩小，两地间地方分割等阻碍市场整合的因素在降低，进而可认为地区间市场一体化程度在提高[①]。帕斯利和魏尚进将观测点与时期固定，算出两地在给定时期条件下各类商品间价格变动平均值的方差，由于该方差是时序为 t 的时间序列数据，可以观察随时间的发展与演变的情况，利用时间序列的自身运动规律检验市场一体化变化趋势，进而用环比价格指数构造市场分割程度测算指标。公式为：

$$Q_{ijt}^k = \ln\left(\frac{p_{it}^k}{p_{jt}^k}\right) \tag{6-1}$$

$$\Delta Q_{ijt}^k = \ln\left(\frac{p_{it}^k}{p_{jt}^k}\right) - \ln\left(\frac{p_{it-1}^k}{p_{jt-1}^k}\right) \tag{6-2}$$

---

① Parsley, D. C. , and Shang-jin Wei. Convergence to the Law of One Price Without Trade Barriers or Currency Fluctuations [J]. Journal of Economics, 1996 (11)：1211 – 1236.

在式（6-1）和式（6-2）中，p_{it}^k、p_{jt}^k分别表示 i 地区和 j 地区第 k 类商品 t 年份的价格，Q_{ijt}^k 为 i 地区和 j 地区两地价格比的自然对数，ΔQ_{ijt}^k 为相对价格一阶差分。为消除地区放置顺序、市场环境及其他随机因素的影响，帕斯利和魏尚进，以及桂琦寒[①]等用相对价格的绝对值 $|\Delta Q_{ijt}^k|$ 来计算方差，即市场分割指数[②]。在此基础上，计算不同类型市场分割指数的均值，以此形成城市群综合市场分割指数[③]。

二、指标选择与数据来源

考虑到统计指标连续性和完整性以及数据可得性等因素，特别是 2004 年重庆与四川党政代表团首次签署合作协议的划时代意义，以四川、重庆两个基本地域单位为对象，选取 2004～2018 年四川和重庆的数据，沿用赵奇伟和熊性美（2009）的思路与指标选取方法，分别用居民消费价格分类指数、固定资产投资价格指数和职工平均实际工资指数来测算商品市场、资本要素市场和劳动力市场的相对价格方差。其中，商品零售价格总指数的统计范围包括食品、饮料与烟酒、服装与鞋帽、纺织品、家用电器及音像器材、文化办公用品、日用品、体育娱乐用品、交通与通信用品、家具、化妆品、金银珠宝、中西药品及医疗保健用品、书报杂志及电子出版物、燃料、建筑材料及五金电料共 16 类商品；固定资产投资价格指数的统计范围包括设备与工器具购置、建安工程和其他费用共 3 类固定资产投资；职工平均货币工资指数包括国有经济单位、城镇集体经济单位和其他各种经济单位实际平均工资指数。

数据来源于四川与重庆相关年份的统计年鉴，四川固定资产投资价格系数数据来源于和讯宏观数据库。

---

① 桂琦寒，陈敏，陆铭，陈钊. 中国国内商品市场趋于分割还是整合：基于相对价格法的分析[J]. 世界经济，2006（2）：20-30.

② 由于只测度两个地区的市场分割程度，本书未剔除产品自身某些特性引起的价格变动，即产品异质性导致的不可加效应，这可能会高估市场分割程度，但不影响总体发展趋势。

③ 需要注意的是，对不同类型的市场分割指数简单加总或平均，难以得到准确的综合市场分割指数，只有当三类市场分类的趋势差不多时，才有可能得到一条相对正确的总体趋势线。在此，本书只是简单地观察总体市场的分割程度，更重要的是分析单个市场分割指数的趋势。

三、成渝城市群市场一体化水平分析

结果表明（见图6-2），四川和重庆的商品、资本要素和劳动力三大市场一体化呈现比较相似的变动趋势，特别是2006~2014年，三大市场相对价格方差值指标均呈现两阶段的先升后降过程，这与前面对成渝城市群区域市场一体化发展的演进历程基本一致。其中，2006~2010年，受金融危机等因素的影响，三大市场分割程度均大幅提升并在2008年同时出现峰值，由于2009年四川推进环渝腹地经济区块建设，部分市县主动融入重庆，三大市场相对价格方差值均出现下降。2010~2014年，三大市场分割程度再次呈现不同程度的先升后降趋势，资本要素市场和劳动力市场分割程度在2011年出现峰值，而商品市场则在2012年达到最高。2014年之后，商品市场和资本要素市场相对价格方差在相对较低的水平上呈现小幅上涨，劳动力市场分割程度加深，相对价格方差大幅提升，这主要是因为加快推进国企改革，明确发展混合所有制经济，使得重庆和四川的国有经济单位平均工资上涨较快，加之城市间的人才争夺战激烈，2017年又陡降至与商品市场、资本要素市场相同的水平。

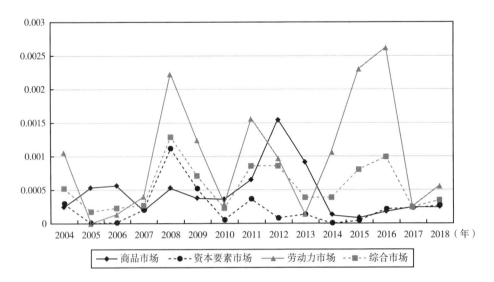

图6-2　2004~2018年四川与重庆三大市场分割程度走势

在不同发展阶段和历史时期，由于各城市经济发展的关注点的变化，以及所采取的干预市场的政策的差异，使得不同市场分割或一体化程度峰值出现在不同时点。受金融危机后资本要素流动性减弱、新发展时期城市间人才争夺战等因素的影响，资本要素市场、商品市场和劳动力市场分割程度分别在 2008 年、2012 年和 2016 年达到研究期间的最高点。

分别从这三类市场来看，商品市场的相对价格方差值总体呈现先上升后下降的趋势，尤其是 2010 ~ 2012 年四川和重庆在食品、服装纺织品、家用电器、文化办公用品、中西药品、日用品等居民消费品的价格方面出现明显趋异，成渝城市群商品市场分割程度呈现不断恶化态势，商品市场分割的严重程度超过资本要素市场和劳动力市场，但 2013 年相对价格方差值出现较大幅度的回落，进入商品市场一体化新阶段。资本要素市场的相对价格方差值变动相对平稳，总体呈先升后降的趋势，2008 年市场分割程度最高，2010 年以来指标在较小区间内波动，资本要素市场一体化进程相对较好。资本要素市场相对价格方差值之所以相对平稳，与固定资产投资价格指数重点统计设备与工器具购置、建安工程和其他费用，以及市场价格波动幅度相对较小有关。由于劳动力的流动受政策的影响较大，劳动力市场的相对价格方差值缺乏相对稳定期间，先后经历了"三升三降"，且波动幅度较大，特别 2013 ~ 2017 年方差值从 0.0001 快速增至 0.0026，之后又陡降至 0.0002。

相较而言，三类市场一体化发展水平存在显著差异，劳动力市场的分割程度显著高于其他两类市场，资本要素市场一体化程度最优，并且最近年度商品市场和资本要素市场间的市场分割程度变动趋势没有显著差异。这些差异的根源及影响值得进一步深入研究。但可以肯定的是，成渝两地政府需要根据不同市场分割的决定性因素，努力采取针对性的措施，以有效推动市场一体化进程。

总体上，评价指标在一定程度上反映了成渝城市群区域市场在调整过程中不断整合、趋向一体化的态势。但是成渝城市群市场分割程度仍不容乐观，部分市场相对价格方差值极不稳定且处于较高水平，受宏观经济形势、地方政府决策等影响而表现出明显的阶段性波动特征，成渝城市群相对稳定、统一的产品和要素市场体系仍未完全建立。成渝城市群在国家战略层面作为一个整体，在客观上要求建立一体化的区域市场体系，并且事实上局部区域市场一体化程度已经较高，如广安与重庆达成统一市场准入政策、统一市场执法标准协议，并纳入重庆城市群统一规划。尽管如此，由于行政分割客观存在、地方政府仍主导区域经济发展、行政区与经济区不协调，加之区域利益协调机制不完善、权威协调机构和有法律效力的市场契约缺乏等因素，成渝城市群统一市场体系构建仍任重道远，阻碍着成渝城市群经济一体化的步伐，进而影响城市群整体实力的提升。

第四节　成渝城市群区域市场一体化发展对策建议

成渝城市群区域市场一体化发展，促进商品和要素自由流动，提高资源配置效率和公平性，需要把握新形势和新趋势，着力清除市场壁垒，统筹各类市场建设，分阶段、有步骤、有重点地有序推进关键市场一体化。

一、供给侧改革背景下，成渝城市群区域市场建设

由于过去市场机制的作用没有能够充分发挥，各级政府对市场经济活动干预过多，导致市场不能机制出清，引发各种结构性矛盾，特别是供给侧的问题。因而，推进供给侧结构性改革，必须坚持社会主义市场经济改革方向，通过进一步完善市场机制，矫正过多依靠行政且市场力量不强导致的要素配置扭曲。

一是调整扭曲的政策和制度安排。按照党的十八届三中全会作出的战略部署，首先要实行统一的市场准入制度，在城市群内实行无差别化待遇，消除企业准入、产品进入和要素流动的限制，城市群内各类市场主体可以依法进入各城市负面清单外的全部领域，各类产品能够自由进入城市群内各城市，各城市有均等的机会获取各类生产要素。改革城市群一体化市场监管体系，在中央部委的指导下，由川渝两地政府组建一体化市场监管机构，实行城市群内统一的市场监管，坚决清理和废除制约市场一体化的各种规定和做法，加强公平竞争、地方保护行为整治。完善市场决定价格机制，限制政府不当的价格干预，

特别是对于农产品等在成渝城市群影响面较广的产品价格，都应交给市场来决定。

二是进一步激发市场主体活力。市场主体是市场体系完善和市场机制发挥资源配置决定性作用的基本推动力量。大型企业集团是不同国家或区域之间产业转移、经贸往来和经济合作的重要主体，对推动全球产业转移、促进城市群经济分工协作发挥着重要作用。对于成渝城市群区域统一市场建设，要把加快发展大型、超大型企业集团，特别是大型跨国公司作为重要任务，通过加大对本土骨干企业的培育、引导企业兼并重组、引进国内外大型企业等多种途径，构建成渝城市群统一市场的主体和支撑力量。加快培育非公有制企业主体，充分发挥非公有制经济的主动性和灵活性，增强成渝城市群市场体系的活力。

三是加快转变政府职能。我国现行的对地方政府的考核体制仍注重经济增长指标，即使在一定范围内弱化 GDP 考核，但由于经济增长的重要性以及思维惯性等原因，"GDP 崇拜"倾向并没完全消除，导致为促进本辖区经济增长而引发招商引资恶性竞争、限制本地对外投资、阻碍外来商品进入等，制约着统一市场的形成。当然，并不是要完全放弃政府在成渝城市群市场一体化中的作用，而是要优化政府的引导、规范和监管职能，更加强调政府在优化发展环境、制定相关政策措施等方面的职能，为成渝城市群市场一体化"保驾护航"。

二、推进成渝城市群重点市场一体化

成渝城市群区域市场包括现代经济正常运行所需要的商品市场和劳动力、资本、土地等要素市场；同时，在新形势下，新产业、新技术、新业态、新商业模式等层出不穷，服务经济、网络经济、平台经济、分享经济、创新经济等新兴经济形态不断涌现，多种新兴市场加快发展。结合成渝城市群经济一体化发展实际，重点推进商品市场、金融市场、人才市场和技术市场的一体化发展。

成渝城市群各城市拥有其特色产业和品牌产品，应坚持比较优势原理，构建合理的商品流通和区际贸易格局。一是根据城市群产业特点，建立与之相适应的市场架构，逐步推进建立多层次、多功能的市场体系。二是加强城市群商贸基础设施建设，整合与提升现有商贸流通基础设施功能，建设顺应新形势的商业网点体系，探索建设多种特色产品专业化交易市场。三是完善商品市场服务体系，促进现代物流、交易结算、支付中心等加快发展。

以重庆、成都区域金融中心建设为战略重点，加强区域协作，有效组织资金支持城市群经济发展。探索城市群金融联动发展策略，推进城市群金融基础设施建设，促进城市群内资金自由流动和金融机构合作发展，实现区域金融发展无障碍化。大力发展金融配套服务，强化城市间金融服务衔接与协作，建立城市群内部银行、企业、政府间信息对接共享机制。创新金融产品，提升与风险投资、产业基金等相配套的服务。强化金融监管协调，规范各类金融市场和民间投融资活动。

推动成渝城市群人才市场一体化，关键是要建立和完善一体化的人才市场服务体系，实现城市间人才自由流动和优化配置。推动人才管理制度建设先行先试，构建统一的城市群人才制度体系。合作探索人才市场统一相关政策，促进人才在不同城市都可享受到均等化政策待遇。借助现代网络与通信技术，合作共建统一的城市群人才资源信息共享平台，完善统一的人才培训服务和人才评价体系，促进城市群人才对接和合作。

充分整合现有资源，培育共同的技术市场和产权交易市场，构建统一的城市群创新成果与技术共享市场平台。丰富产权交易品种，创新交易合约和交易方式，促使产权交易多样化。完善城市群科技创新公共服务平台建设，举办城市群高新技术成果交易会，加强城市群与外部产权交易市场对接。推进高校、科研机构、重点企业等合作建立技术服务机制，培育壮大技术服务类企业主体，实现技术服务内容、方式的多样化。

此外，推广成都、重庆城乡统筹改革探索形成的集体建设用地使用权流转与"地票"制度经验，积极探索与推进在成渝城市群内建立统一的农村土地产权流转市场。

三、完善成渝城市群统一市场的基础支撑

构建城市群区域统一市场，就是不同城市间、不同经济主体间的各种经济阻碍逐步消除的过程，这个过程既依赖于一系列"无形"的制度机制保障，又需要"有形"的基础设施作为支撑。

首先，持续深化市场经济体制改革。成渝城市群区域市场一体化，必须坚持社会主义市场经济改革方向。正确处理政府和市场的关系，优化政府引导规范和监督管理职能，将政府行为规范在科学轨道上和有限的范围内。此处，联合组建城市群市场体系监管机构，建立统一市场监管规则和信用体系，坚决清理和废除不合理规定和做法，消除城市群内企业准入、产品进入和要素流动的限制，使成渝城市群内各类市场主体可依法进入各城市负面清单外的全部领域，各类商品能自由进入所有城市，各个城市有均等的机会获取各类生产要素。

其次，完善城际利益协调机制。自我国实行行政分权以来，市场分割逐步扩展到各类市场，阻碍了城市群的资源整合和优化配置，制约着成渝城市群区域市场一体化发展。市场分割的根源在于维护地方利益，而要破解地方保护主义，就必须加强沟通、统一认识，形成战略共识，基于共同战略取向建立起科学有效的利益协调机制并确保其正常运行，在提高资源配置效率的同时，维护经济发展公平。按照博弈论的观点，对于区域间的利益博弈与协调，上级政府既要从城市群区域整体利益出发，发挥积极的统筹协调作用，推动形成各行政区间平等协作、互惠互利的促进机制，又要兼顾各城市的发展需要，不能损害各地方政府利益，建立行政区域间的利益补偿制度，对共同协议或行动给某些区域造成的损失予以补偿和平衡。

再次，促进产业合理集聚发展。产业活动集聚扩散与区域市场一体化具有相互促进关系。产业集聚有利于城市生产专业化分工，提高经济发展效率，形成生产要素集聚的原动力和商品扩散的来源地，是区域市场一体化发展的重要前提；区域市场一体化为商品和要素自由流动提供了条件，进而促进产业集聚。为适应区域市场一体化发展，需要培育一批在全球或全国范围具有竞争优势的产业集群和产业园区。依托成渝城市群特色资源优势和产业发展基础，遵循产业集群的形成、演进、升级的内在规律，构建以特色优势产业为核心，相关产业配套发展的特色优势产业集群。以国家级高新技术产业开发区、经济技术开发区为重点，打造知名度高、竞争优势强、品牌效应突出，且符合产业特征和城市特色的产业园区。

最后，持续完善交通等基础设施建设。城市间各种产品和要素的自由流动外在表现为各类物质在城市群内的空间位移，因而离不开完善的基础设施体系。支撑城市群区域市场一体化的基础设施不再局限于综合交通基础设施以及集贸市场、商业卖场等，而特别需要加强对信息基础设施、产业交易中心、技术交易平台以及网上交易中心等新兴市场载体的统筹建设。为顺应成渝城市群整体参与全球产业分工和区域市场一体化，需要从区域整体角度统筹各类基础设施建设，推进基础设施一体化设计、一体化建设、一体化运营、一体化管理，提升整体协同能力。

第七章　成渝城市群经济一体化发展机制探讨

纵观世界各地区域经济一体化发展进程，机制建设都是经济一体化发展的重要内容和坚实保障。完善城市群经济一体化发展机制是推动城市群经济一体化发展走向较高级阶段的重要举措。成渝城市群是"双核"跨区域城市群，机制障碍是成渝城市群经济一体化发展的关键制约，而消除城市间经济发展障碍、区域深度紧密合作的需求与现实中行政区块分割、各自为政之间的矛盾长期存在，迫切需要构建完善的经济一体化发展机制。

第一节　城市群经济一体化发展机制的内涵与构成

制度和空间互为依托，制度创新离不开空间载体，也是成功重塑空间的重要保证，具有改变空间格局的能力（孙久文，2017）。城市群经济一体化发展，需要政府、市场和社会组织等多方面力量共同推进，迫切需要"破旧立新"，改革对生产关系具有束缚作用的机制，探索构建适应城市群经济一体化发展新趋势的有序和有效的新机制。

一、城市群一体化机制的内涵

机制是指整体系统中各组成部分或要素之间的结构关系、相互作用的过程和运行方式。机制提供了事物或现象发生和发展变化最本质的推动力，具有根本性。机制因整体系统及其组织部分、构成要素的差异及相互作用的方式、程度不同，具有多元性。此外，在系统发展与运行的不同阶段，相互作用关系不断变化，从而机制具有动态性。

　　城市群的孕育、发展和成熟过程是极其复杂和困难的。这既是因为城市群包含多个城市，以及经济、社会、生态、文化等多个要素子系统，且每个城市面临着不同的资源禀赋、区位条件和机遇挑战，并受到宏观环境、国家战略、政策实施等外部条件的影响，进而具有不同的功能定位、战略选择和目标任务，使得每个要素子系统的发展能力和发展水平也各不相同；又因为各城市、各要素子系统处于动态变化中，且随着"人"的主观意愿、干预或活动而形成种种障碍，增加了城市群动态发展的复杂性。

　　城市群经济一体化机制是城市群内各城市、各子系统构成要素间相互联系、相互作用、相互影响、相互制约的关系和功能，以及保证城市群经济一体化发展所采取的具体管理形式构成的总体（刘靖，2013）。城市群经济一体化机制是城市群内各类市场主体、城市经济地域单元政府、对城市群实施管理的上级行政单位，以及区域民间组织、社会公众等行为主体在维护和促进城市群经济一体化发展的功能及相互联系、相互制约的组织关系和运行方式。

二、城市群经济一体化的动力机制

　　动力机制是指，在事物运动与发展过程中，各种动力的作用原理与传导过程，其本质是描述动力与事物运动和发展的内在联系①。通常而言，事物发展演变受所处环境条件与发展基础、事物自身演变规律、人为施加的外部干预等多方面因素的影响。城市群经济一体化依赖于基础支撑力、内部聚散力和外部推拉力三方面动力综合发挥作用（见图 7 - 1）。

　　基础支撑力是城市群形成发展的发端和基本要素，决定着城市群的功能、规模、结构、优势产业、分工合作、发展方向等。而城市群内部各种基础支撑力的差异性导致各种"流"的产生，因而也是城市群经济一体化过程中经济活动主体行为发生的直接原因，包括资源禀赋力、经济环境力、基础设施力、科技创新力、社会文化力、生态生产力等。其中，资源禀赋力是城市群经济一体化发展的基本物质要素，包括区位条件、自然资源、能源供给等，可以直接影响城市群劳动生产率和产业发展。经济环境力指对城市群经济一体化具有直

　　① 李国平，等. 协调发展与区域治理：京津冀地区的实践 ［M］. 北京：北京大学出版社，2012：53.

接推动作用的各类经济因素，包括宏观经济环境、微观经济环境、市场环境等。基础设施力指交通、通信、园区等经济活动通道和载体，可以使城市间的"经济距离"超越"地理距离"，保障经济联系。科技创新力是最积极、最活跃、最重要的动力要素，包括人力资本、技术进步、研发投入、创新能力等。由于生产力水平提升，为打破资源配置的地理界限提供了条件，加速了城市群经济一体化进程。社会文化力是推动城市群经济一体化发展的重要因素，包括民风民俗、教育文化、宗教信仰等，有利于消除交流障碍和社会瓶颈。生态生产力指生态地位、生态功能、生态环境、生态保护等，为城市群经济一体化提供赖以存在的环境条件并形成适度发展的限制作用。

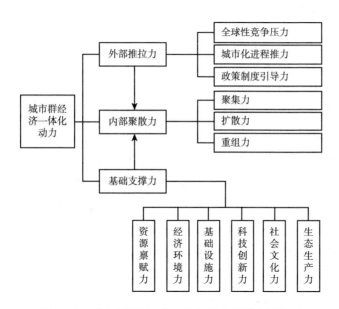

图 7 - 1　城市群经济一体化发展动力机制分析框架

内部聚散力是城市群经济一体化的根本动力，包括聚集力、扩散力和重组力。在城市群地域单元内，在市场机制的自发作用下，生产要素和经济活动在地理上呈现集中趋势，促进社会分工深化、产业联系加强、资源利用效率提高、创新能力提升，进而引起经济效益增加和成本降低。空间集聚效应的强弱主要取决于空间集聚收益和空间集聚成本的对比。若集聚收益大于集聚成本，集聚活动将持续，集聚经济效应则增强。若空间集聚不经济，生产要素和经济活动将寻找优势区位，呈现向外扩散趋势，进而对外围地区经济产生带动作用，而获得发展的外围地区将通过更高级的集聚活动促进集聚中心进一步发展，呈现出"集聚—扩散—集聚"的良性循环。集聚和扩散过程不是分离的、先后的关系，而是同时发生的、彼强此弱的关系。空间扩散效应的强弱主要取决于集聚中心的集聚能量状况和外围地区接受辐射的能力。在空间集聚与扩散交互作用下，生产组织方式和经济主体区位选择的相互作用加强，能积极地推动经济活动的空间转移和扩散，形成对既定经济格局具有"破坏性"的重组力，进一步改变地域的空间组织结构，从而将经济增长的动力和创新成果传导给外围地区，促使新的集聚中心形成并发展，进而强化城际经济联系，促使城市群地域空间呈现出集群化、互动化和最终经济一体化的趋势和特征。

外部刺激因素在城市群经济一体化过程中发挥着关键的并越来越重要的作用，这主要源于全球性竞争压力、城市化浪潮推力和政策制度引导力等。随着经济全球化，国际市场竞争日趋激烈，贸易保护主义加剧，一体化的经济区域和城市群成为应对国际竞争威胁的重要手段与载体，促使城市群形成与发展。而随着对外开放持续深化，产品与生产要素在全球范围内流动加速，城市群可以吸引更多的区域外资金、技术和劳动力，这又为城市群经济一体化提供了重要的动力来源。根据城市化发展规律，当城市化率界于30%～70%时，城市人口的比重将加速提高，城市化使人口等生产要素由分散无序状态逐步转变为集中的有序状态，得以合理组织和高效应用，城市体系逐步形成，城市间经济联系增强，因而在城市化不同阶段，城市群经济一体化的程度也存在较大差异。政府，包括中央政府和地方政府，均是城市群经济一体化的重要推动主体。基于政府行政而制定的各类法律、规划、政策、制度等因素的总和是城市群经济一体化动力机制的重要来源，如倾向于某城市群采取鼓励投资的政策会诱导资金流入量的增加。若各城市政府基于自身利益制定政策，则会导致恶性竞争和市场分割，形成阻碍因素，因而需要从整体利益出发，并适应城市群各城市的差别化政策力，这才是城市群经济一体化的真正动力因素。

三、城市群经济一体化的实现机制

城市群经济一体化发展由市场、政府和社会组织等力量共同推动。城市群经济一体化实现机制就是城市群内各类市场主体、城市经济地域单元政府、对城市群有直接管辖权的行政区政府、区域民间组织、其他社会组织以及城市群内的民众等行为主体在维护和促进城市群经济一体化发展的功能及相互联系、相互制约的关系总合。因此，可以从市场机制、政府机制和社会组织机制三个方面来设计和完善城市群经济一体化发展实现机制（见图 7 - 2）。

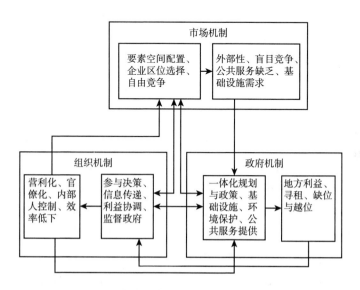

图 7 - 2　城市群经济一体化发展实现机制的构成

　　市场机制被亚当·斯密描述为"看不见的手"，指借助市场主体追求自身利益最大化，进而引发市场价格波动、市场供求变化来实现经济运行的调节机制，主要由供求、价格、竞争、风险等机制构成。正是市场机制具有信息沟通、竞争激励、科技促进、结构调整、布局优化和效率提升等功能，促进了人口与经济活动的集聚以及城市功能的提升，为实现要素空间配置优化与城市群分工协作提供了条件，从而最终实现城市间交流与经济联系日益紧密。可见，市场机制是城市群经济一体化发展的决定性推动机制。然而，市场机制普遍存在"市场失灵"问题，主要表现在公共物品提供、外部效应和盲目竞争。此外，市场机制还存在引发两极分化缺陷的问题，"自由市场力量的影响使区域经济向不平衡方向发展是一个内在的趋势"（Myrdal，1957）。在市场机制的作用下，中心城市集聚且率先发展，而外围地区优势要素和经济资源流失，导致区域经济发展差距扩大，形成城际经济一体化发展能力"鸿沟"，制约了城市群经济一体化发展进程。

政府机制被描绘为"有形的手"，是政府所运用的各种机构组织、战略部署、政策手段、行政措施等，及其相互作用关系的总和。政府机制的作用主要表现为：一是出台区域性法律法规或规章制度，对区域经济发展方向和重点任务给予强制性管控与约束，将区域发展调整到预设的"轨道"上；二是通过制定综合发展规划、政府政策等，引导和规范区域按照某种方式正常发挥和发展，避免过分追求短期利益和盲目行动的弊端；三是组建区域性管理机构，构建政府间协同治理机制，即建立纵向、横向政府间的协调机制。城市群府际关系协调主要是建立包括仲裁、协商、分享、分摊及补偿等机制（齐子翔，2014）。然而，政府机制也有弊端，主要表现为干预过度、干预无效和干预不足。在政府主导型的城市群经济发展模式下，受政绩考核、地方利益、管理者意图等因素影响，政府有促进经济发展和效益最大化的动机，同时可能存在寻租的冲动和行为。各城市往往立足自身短期利益，一方面限制或阻碍"不利于"城市发展的优势资源流出、产业调整等，这客观上难于形成统一的政策、统一的市场、统一的环境，甚至将阻碍经济往来与经济联系；另一方面，部分城市政府缺乏实际推动城市群发展的行动，导致城市群有规划但难落地、有政策却不执行、有机制而无行动、有协议但不落实等问题客观存在，使得城市群仍是若干"行政区经济"的拼凑。同时，各城市政府过多干预城市群经济活动，也会形成城市群经济一体化发展阻力，甚至对市场机制造成破坏。

社会组织特指城市群由各类社会主体为共同目标而自发成立的非政府性非营利性组织，或民办非企业组织。社会组织机制可以社会道德、社会舆论、行业规则、公众参与等非行政手段和非市场的方式，在弥补市场失灵、制衡政府失灵、搭建沟通渠道、协调不同利益主体关系、促进城市群遵从经济社会和自然规律发展等方面发挥重要作用。然而，组织机制也存在"失灵"，即背离服务于社会公益或共同利益的宗旨，出现营利化、官僚化倾向和行为。

总结起来，市场机制、政府机制和组织机制在城市群经济一体化发展中功能各异，均不可或缺。三种机制都有特定的功能和作用范围，但同时都存在一定的缺陷。因此，三种机制必须协调发挥作用，才能够扬长避短，有效推动城市群经济一体化发展。

第二节　国内外城市群发展机制实践及启示

目前，全球形成了比较成熟的六大城市群①。在我国，长三角、珠三角和京津冀城市群的经济一体化发展处于领先地位。国内外成熟城市群在组织与管理方面的经验，对构建和完善成渝城市群经济一体化发展机制具有重要的借鉴价值。

一、国内外城市群的主要做法

美国东北部城市群是典型的市场主导型城市群，依靠充分的市场竞争，建立起合理有序的分工合作格局，城市群内每个城市在功能定位和产业选择上注重错位发展，形成自己的特殊职能和优势产业部门，并且彼此间紧密联系在一起，各种生产要素在城市群内自由流动，促进了人口和经济活动更大规模地集聚，形成了城市群的整体或集体效应。同时，政府间合作形成专门机构，以缓解不同区域、不同部门间因不同利益而导致的冲突，促进资源共享并提升协调发展能力。例如，1957 年建立的统一的正规组织华盛顿大都市区委员会现已成为包括 18 名成员的政府专门机构，具有众多的职能，提供包括交通规划、环境保护等许多社会公共关注问题的解决方案。

在日本东海岸城市群的发展过程中，政府强化立法与规划，通过陆续颁布《首都圈整备法》《多极分散型国土形成促进法》等法律法规，实施七次国土空间开发"全综"规划，建立完善的法律和制度保障机制。为解决各方利益冲突，东京都市圈采用"多主体参与、全民共建"的方式促进利益表达与共享，成立了包括政府官员、企业家、学者等具有社会影响力的都市圈整备委员会，通过各方主体充分表达意见并进行有效沟通，实现了不同角色、不同理念、不同诉求的群体有效协作。此外，非营利性民间组织也具有重要作用，如1946 年成立的日本关西经济联合会是关西地区最大的社会组织，主要从事与

---

① 姚士谋，潘佩佩，程绍铂. 世界六大城市群地位与作用的比较研究［J］. 环球人文地理，2011（12）：25 - 27.

关西经济发展相关的制度、管理和技术创新活动，成为城市群体系有效运行的重要载体和核心机构。

欧洲中部莱茵河中下游地区城市群则通过合理的空间规划，引导城市群一体化发展，构建形成多层级、多中心、多类型组织管理模式和一体化的空间发展格局。从功能定位看，不仅核心城市的功能定位存在差别，而且中小城市也具有产业差异、分工明确、功能互补的特征，因此不同规模的城市大多形成符合自身功能定位的优势主导产业，城市间既有产业差异化发展，又分工合作，实现了产业关联互补，从而使城市群保持强劲的竞争力。为保障功能分工和产业分工，有效地处理地区间、城市间乃至国家间的利益关系，建立了良好的区域协作制度体系，将城市群多种职能分解，由大中小城市共同承担，形成了既有联系又有区别的空间组织形式。

改革开放以来，长三角城市群和珠三角城市群凭借改革开放的强大动力，成为我国经济发展最快、开放程度最高的区域。为加快城市群经济一体化进程，政府协同机制发挥了至关重要的作用。例如1992年的长江三角洲城市群协作办主任联席会议制度，后为适应城市协调发展的新形势，1997年调整为长三角城市经济协调会，通过行政升级来提升经济一体化发展的协调能力。同时，还建立省（市）长座谈会、市长联席会议，以及创新体系建设、旅游合作等专题联席会议合作机制，形成了决策层、协调层和执行层"三级运作"的多层次、跨领域的协商沟通和区域合作机制。珠三角城市群属省域内城市群，体制机制优势更加明显，便于在统一的规划和安排下整合城市资源。政府在1996年和2004年先后出台经济社会发展规划和城镇群协调发展规划，设置珠江三角洲经济区，标志着"珠三角"进入政府主导下的区域经济一体化发展阶段。当前，市场在资源配置中的作用越来越强，长三角城市群和珠三角城市群进入市场主导城市群经济一体化阶段。

二、对成渝城市群的启示

纵观国内外城市群经济一体化的发展，尽管各具特色，但存在诸多共性特征，为成渝城市群发展提供了丰富且有价值的经验与启示。

第一，注重统一规划引导与推动。通过规划引导、调整和协调城市群内不同城市的行动，从总体上促进城市群经济一体化发展。例如，荷兰规划建设兰斯塔德地区[①]；法国于 1965 年制定巴黎地区战略规划；英国自 20 世纪 90 年代以来在大伦敦地区制定了战略规划导则；美国政府采取不同的措施，优化城市群空间结构，以缓解纽约等核心城市过度膨胀问题；日本先后制定了七个全国综合开发计划，并四次调整大东京都市圈建设规划，持续优化日本东海岸城市群的空间结构、功能布局，解决因人口与经济活动集聚而引发的区域性问题，有力地推动了城市群一体化发展。

第二，多元主体合作与协调行动。城市群经济一体化涉及众多城市、若干领域、不同环节的协调和有机衔接，因此要克服经济发展全面深度合作需求与现实中行政"区块""条块"分割导致各自为政之间的矛盾（陈湘满，2000）。通常，有"双层行政式"协调机制和"府际联席式"协调机制[②]两种管理方式，前者如英国大伦敦城市群成立"大伦敦市政府"，后者如我国长三角、珠三角城市群。此外，非正式合作对提升积极性、增进共识、深化交流和促进城市群一体化也有着较强的作用（唐燕，2009）。非政府组织（NGO）作为第三方力量，是政府管治的有效补充（胡萍、卢姗，2007），为促进城市群经济一体化发展搭建了协商、对话、沟通、交流、合作的平台（于立，2007）。市场主体活动是城市群经济一体化的重要标志。

第三，城市功能与产业分工合作。城市群内各城市发挥着相互独立的功能作用，城市间互相协调有赖于行政功能明确、经济功能互补和社会文化互相吸引，以及这些方面在空间上"投影"形成良好空间组织结构，因而城市群都注重加强空间—经济—行政体系的内在逻辑，构建城市间的空间—经济—行政体系的对应与衔接（杨振山，2015）。城市群内主要城市通过垂直或水平分工，形成了各异的职能和优势产业部门，而且彼此间紧密联系，发展为若干个相互交叠的产业聚集带和聚集区（陈秀山，2007），推动了城市群经济一体化发展。美国东北部城市群城市间产业及港口的分工合作就是例证。

---

① 陈秀山，张若．国外沿海城市群发展模式的启示与借鉴 [J]．领导之友，2007（3）：49 - 50.

② 杨振山，程哲，蔡建明．从国外经验看我国城市群一体化组织与管理 [J]．区域经济评论，2015（4）：143 - 149.

第三节　成渝城市群面临的主要机制障碍

成渝城市群经济一体化发展是多种复杂因素共同作用的结果，既有地理位置、资源禀赋、产业积累等发展基础因素，也受经济发展规律、国家非均衡战略、区域政策不同及区域发展水平差异等影响。虽然成渝城市群发展已上升为国家战略，但相比长三角、京津冀和粤港澳大湾区，其综合实力和整体竞争力较弱，而且城市群内部还存在竞争大于合作、"双核"虹吸效应强于辐射效应，进而导致"中部塌陷"等诸多问题。换句话说，推进成渝城市群经济一体化发展，消除城际经济障碍，强化经济联系和密切合作，还面临不少机制障碍。

一、区域合作机制障碍

成渝城市群地跨四川、重庆两个行政区，包括 1 个直辖市、1 个副省级城市和 14 个地级城市、12 个县级市和 72 个县城。由于行政区经济和经济区经济不整合，经济发展经常是按照行政区而不是经济区来推进，经济区要求以整体功能谋划发展，而多个行政区主体凭所借拥有的政治、经济势能和经济资源、调控工具等，致力于获得本地利益，比如重庆与成都的中心之争从未停息。即便在省域内城市间，这种竞争也同样存在，如泸州、宜宾、自贡和内江的川南经济中心竞争，导致经济区的割裂和破碎化。由于城市间行政分割并没有消除，成渝经济区并非真正意义上的经济区。

行政区划壁垒导致城市群在统一部署下建设互联互通基础设施、提供均等化基本公共服务、建设一体化区域市场等方面均面临种种障碍，严重制约着城市群经济一体化进程。城市间开展经济合作，首先要跨越行政区划"经济边界"障碍，这不可避免地需要付出制度协调成本，特别是在不同经济发展水平、不同经济结构和不同经济管理体制的城市间。即便是在部分行业和领域，城市间区域合作的意愿远远胜过区域合作行动，虽然签订了战略合作协议、建立了联席会议制度、开展了若干次合作研讨，但取得的合作成效仍屈指可数。行政区划体制的束缚不仅长期以来，并且可能是在未来的一定时期内，仍是成渝城市群经济一体化的最大障碍。因此，破除行政区划壁垒，探索形成区域合作机制迫在眉睫。

二、利益分配机制缺失

城市群首先是经济联系密切的区域，各城市必然将经济利益作为加强经济联系和区域合作的主要目的，同时不可避免地存在城市间激烈的经济利益竞争关系。在推进一体化的过程中，大都市圈或经济圈城市间的分工协作和利益协调机制问题在中国显得尤其突出（魏后凯，2005）。利益协调是经济一体化的目标追求，构建科学合理的利益协调机制在城市群经济一体化过程中至关重要。城市群内建立的各种合作机制，如建立联席会议制度、签订合作框架协议等，存在"议而不决、决而不行"的问题，其根源在于经济利益缺乏有效协调与合理分配方案。在短期经济利益的刺激下，特别是受现行财税体制、投资体制和政绩考核制度的影响，各城市更倾向于"单打独斗"，城市间的博弈与竞争十分激烈，以期获得更高的 GDP 增长、维护各自城市的利益。

成渝城市群利益分配机制缺失源于两个方面。一是国家层面的利益分享制度机制不完善，这在经济联系非常紧密的城市群内体现得最为明显。比如，目前只在水电资源开发方面制定了地区间利益分配关系，而石油、天然气、页岩气等重要资源开发与加工环节利益协调制度缺乏，导致资源地与生产加工地之间的投入和收益的不对称；企业总部与生产制造基地分离布局，导致中心城市与周边城市的收益非均衡。结果是，各城市忽视区域功能定位和发展规划，努力培育本地特色优势产业，通过设置进入门槛、政府优先采购、专项资金扶持等方式支持本地企业发展，阻止外来企业参与竞争以及本地资源外流。此外，在招商引资过程中，争投资、争项目、争人才，进而导致分工缺乏、产业趋同、重复建设、资源浪费，使得城市群经济被"分割"，难以一体化。二是与发达地区城市群相比，成渝城市群在利益共享与补偿机制建设方面还存在制度真空，缺乏专门的制度安排，一体化的组织与管理缺位，尚未形成如长三角、珠三角等城市群一体化的管理机构，导致利益共享机制构建过程中的协同平台缺乏。

三、市场机制作用不足

经济增长理论认为，经济增长率和居民收入水平的提高依赖于全要素生产率（TFP）的提高，而这主要来源于研发投入或技术引进带来的生产技术进步和改善资源配置带来的效率提高①。改革开放以来，我国大力促进要素资源在东西部、城乡间、行业间等自由流动，实现优化配置，并保持多年经济高速增长。这一伟大实践也表明，加强市场主体培育，健全有序的市场体系，运用市场化方式推进资源的优化配置至关重要。实现城市群资源的优化配置，需要完善的市场机制发挥其决定性作用。

多数研究认为，长三角城市群的一体化发展建立在企业上下游联系基础上，但成渝城市群则不然。长期以来，成渝城市群经济发展与长三角城市群从市场经济中逐步发展起来不同，其主要由各级政府在"三线建设"、西部大开发、区域竞争等过程中推动发展，政府和企业间的关系难以完全摆正。正是由于各级政府主导着地方经济发展，成渝城市群内以相对较大规模企业为主，涉及装备制造、能源化工、食品饮料等行业，创新创业和新业态发展相对滞后，中小企业发展不够，产业链上下游关联企业数量偏少，难以形成广泛而复杂的社会网络。此外，大企业更容易受到政府决策的影响，"政府＋企业"是区域发展的普遍模式，以快速发展地方平台企业最具代表性，而各地企业竞争的背后隐藏着地方政府间的较量，其中成渝城市群汽车产业和电子信息产业的竞争尤为典型。2018 年 2 月，习近平总书记在视察四川时深刻指出，市场机制不活是四川高质量发展亟待解决的关键问题。市场体系不健全、市场机制不活，导致企业成本约束属于软约束，企业对成本价格、投资机会、市场风险等不敏感，不利于形成健康的市场组织网络。而在减少或缺乏外力干扰条件下，市场组织难以实现"无为自治"的自组织过程，制约着城市群经济一体化发展。

中国市场化指数课题（2016）对我国市场化程度的最新研究成果表明：自 2008 年以来，西部地区市场化程度进展相对较慢，受实行大规模政府投资和货币刺激政策影响，2008 ~ 2011 年市场化程度呈现下降趋势②。2014 年，四川和重庆的市场化指数分别不足上海的 70% 和 80%。尽管近年来川渝两地积极推进建设一体化的区域市场，但与长三角等城市群相比，一体化发展仍有差

① 樊纲，王小鲁，马光荣. 中国市场化进程对经济增长的贡献 [J]. 经济研究，2011 (9)：4 - 16.
② 王小鲁，余静文，樊纲. 中国市场化八年进程报告 [J/OL]. [2016 - 4 - 14]. http：//maga-zine. caijing. com. cn/20160414/4105318. shtml.

距。长期以来，各级地方政府主导经济发展，各类市场发育不足，市场化发展程度较低，健全的市场运行机制尚未完全建立，存在多种障碍或限制条件，导致城市间物质与信息等自由流动面临种种限制，明显有悖于城市群区域合作的资源优化配置、自由流动等需求。

四、组织机制作用缺乏

非政府性、非营利性的社会组织发展对城市群经济一体化发展具有不可替代的作用。对于政府和市场机制出现的"失灵"，可以通过非行政手段和非市场方式进行调整。随着经济体制改革的不断深入，城市群经济发展过程中也逐步采取听证会制度、专家论证、民众参与的方式，特别是政务公开，让社会组织和民间团体逐步发挥其作用。

在成渝城市群经济一体化过程中，各级政府长期发挥着城市经济发展的主导作用，且市场机制作用日渐突出，但社会和民间团体力量薄弱。主要表现为：一是很多现有社会组织都是由原来政府部门或政府下属单位改制而来，与政府仍保有千丝万缕的关系，不能独立地发挥作用。二是新的社会组织发育缓慢，甚至受到抑制。新成立的行业组织往往代表行业利益，不能满足城市群经济一体化过程中各种利益群体的需求，促进城市群经济一体化的功效有限。三是城市群经济一体化过程中很少有公众参与，使社会组织与城市民众没有参与的适当渠道，更谈不上参与的广度和深度。

第四节　成渝城市群经济一体化发展机制设计

根据经济基础决定上层建筑，上层建筑又反作用于经济基础的马克思主义观点，发展机制应与经济发展阶段及相应的生产力水平密切相关。成渝城市群经济一体化发展，应选择和构建适合当前一体化发展阶段与需要的机制安排。城市群经济一体化发展旨在通过有效的"合作"，实现城市群经济利益最大化和各城市利益最大化，但这一过程是漫长的，且是动态变化的，特别是还可能因经济利益在不同城市间的分配和调整而导致部分城市经济利益损失，因而面临着种种阻力。推动涉及多领域、多层次、多主体参与的城市群经济一体化发展顺利实现，在客观上需要构建行之有效、因地制宜的运行机制以保障和协调各方经济利益，因而机制创新是城市群经济一体化的重点和关键。

一、探索建立城市群一体化的法律法规

成渝城市群经济一体化要求打破行政区划边界，在多个城市、不同行政区之间加强经济联系和实现协调发展，必然要求各地方政府按照统一的规则做出相对一致的行动，这就需要形成一体化的制度环境。法律是协调发展的基础、降低运行成本的正式规则，能为城市群经济一体化发展创造良好的法制空间。受各种条件的限制，目前我国的区域立法与区域发展的要求之间仍存在较大的差距①。首要表现为既有法律法规主要提供了全国性或行政区划内经济社会活动的法律准则，缺乏针对跨区域的且具有特色差异的个性化区域性法律。此外，现行地方立法体制下，各行政区的地方性法律法规更多地立足于本地发展视角，形成以地域为中心的分割现象，即法治"碎片化"现象②，显然不适应甚至阻碍了城市群经济一体化。

建立健全成渝城市群经济一体化的法律法规，有两种选择路径：一是对现有相关领域的法律法规进行修订，将城市群经济一体化或协同发展的基本原则、实现机制、制度保障等具有区域特征的内容反映到现有立法中；二是制定专门的区域性法律法规，针对成渝城市群经济一体化的基本原则、实现机制、制度保障等，集中统一做出规定。由于中央立法资源高度稀缺，修改现行立法涉及多部法律，且修法程序繁杂等因素，制定专门的城市群经济一体化立法乃为目前的最优方案。

国内外经验表明，制定区域性立法涉及三个层面。一是中央政府针对区域问题制定专门法律，为特定区域发展提供法律依据。例如，1933 年美国参众两院通过《田纳西流域管理局法》，设立田纳西流域管理局，以促进田纳西流域的自然资源综合开发、环境与经济共同发展。二是区域专门立法模式。通过城市群涉及省级政府的协商，经国家权力机关或国务院授权，成立专门的立法

---

① 石佑启，潘高峰. 论区域经济一体化中政府合作的立法协调 [J]. 广东社会科学，2014（3）：240 - 249.

② 王春业. 区域经济一体化背景下地方行政立法模式的变革 [J]. 社会科学辑刊，2007（5）：81 - 87.

机关来负责区域内立法事宜。这有利于超越地方政府,在更高层次制定规则,避免地方政府立足本地,形成立法阻力。但根据《宪法》和《立法法》(2015年修正),并没有授权区域性政府的法律制定主体,因而面临着法律障碍。三是区域协作立法,即在保持各立法主体资格不变的基础上,通过行政协议方式加强立法协作和保障区域性法律法规趋同。例如,美国在各州宪法和独立的立法权的基础上,通过各州让渡部分主权为代价,签订协议,以实现美国州际立法协作。在我国区域经济一体化过程中,东北三省、长三角等地区[①]都对协作立法模式进行了有益探索,表明区域协作立法在我国已经从理论发展到实践。

相较而言,区域协作立法既不超越立法体制,符合我国法律法规形成程序规定,又有利于发挥地方的主动性和积极性,不失为成渝城市群建立区域性法律法规的恰当选择。从成渝城市群发展实际和现实需要出发,在我国《宪法》、法律、行政法规,以及重庆和四川的地方性法规基本框架下,可率先针对城乡建设与管理、空间管控、生态建设、环境保护、污染治理、信用体系建设、营商环境打造、历史文化保护等方面的事项,加强交流和磋商,签订协作框架协议,创新协作方式,制定城市群共同遵守的区域性法律,推进清单化、标准化、均等化、制度化与法制化"五化"进程[②]。

二、构建城市群一体化组织与管理机制

由于城市群内各城市政府在理念上仍习惯于行政导向而对市场的决定性作用重视不够,习惯于政府包办而对社会组织和民间力量参与机制关注不够,习惯于依靠政府强力制定和推行政策管理而较少考虑公众参与和利益相关者的对话磋商[③],导致城市群组织管理机构存在严重缺陷,但市场组织和社会组织功能作用的潜力巨大。城市群内组织机构和管理机制分割还使得市场一体化难以形成,资源得不到优化配置,城市间的竞合关系难以有效形成[④]。长三角城市

---

① 赵征南. 长三角沪苏浙皖推进区域立法协作大气污染立法有望成突破口 [N]. 文汇报,2014 - 4 - 7 (3).

② 唐亚林. 构建新时代社会主义现代化国家的空间布局战略体系—基于城市化发展的考察 [J]. 同济大学学报 (社会科学版),2021,32 (1):45 - 54.

③ 杨振山,程哲,蔡建明. 从国外经验看我国城市群一体化组织与管理 [J]. 区域经济评论,2015 (4):143 - 150.

④ 肖金成,刘保奎. 首都经济圈规划与京津冀经济一体化 [J]. 全球化,2013 (3):72 - 81.

群和珠三角城市群经济一体化水平相对较高，均构建形成了具有创新性和合理性的组织管理模式，有效地促进了合理竞合关系的形成。

重庆在成为直辖市之前，成渝城市群组织管理同样具有行政指令优势，城市间按照中央和省委、省政府的决策部署加强协作。重庆在成为直辖市之后，川渝间形成互动双向关系，竞争大于合作，只有竞争而缺乏合作的情况在较长时间内存在，既严重制约着城市群经济一体化发展，又不利于各城市在更高层次、更大市场范围内实现提升和发展。同时，随着社会主义市场经济体制逐步建立和完善，各类市场主体、社会组织、社会公众等在城市群经济一体化中发挥着越来越重要的作用。因此，创新和完善组织与管理体制机制，不应再局限于政府主导作用，而应采用多元参与模式，但目前成渝城市群尚未形成一个合理的组织结构和管理机制。

结合成渝城市群的地缘、历史、经济、文化甚至情感等因素，推进成渝城市群经济一体化，不仅要积极争取中央层面的组织协调与引导管理支持，还应在城市群内形成不同层次的协调机制，各级政府要适度将区域协调发展的权利让渡给相关组织机构，使其有能力发挥推进作用。首先，设立成渝城市群经济一体化管理机构，作为城市群发展的最高决策机构，由中央政府分管领导任组长，由重庆市市长、四川省省长任副组长，川渝两省市政府、各城市政府、重要行业、民营企业、研究机构和社会组织按一定比例确定领导小组成员，建立川渝两地高层联系工作和推进区域协调互动一体化发展机制，定期召开会议，协调解决经济一体化过程中的重大问题。要赋予成渝城市群经济一体化管理机构明确且权威的行政地位，以及适度的财政转移支付、协同发展资金支配等权利。针对各自为政、规划不落实、协议不执行、换届改政策等问题，强化管理机构的监督和问责能力，甚至可以给予其制定与执行区域性法规的权利，以此保障成渝城市群发展的相关规划、制度以及协议等执行的严肃性和权威性。

其次，建立成渝城市群经济一体化管理机构的常设机构，作为协调城市间关系、促进加强经济联系和合作的执行机构，由川渝两省市协商任命常设机构负责人。常设机构内部还可设置体制改革、产业发展、社会发展、财政平衡、综合服务等业务部门。各城市相应成立市、县级层面一体化发展协调办公室，负责具体落实各项任务。按照建设命运共同体的思路，逐步推进形成政务服务、网格化管理、综合执法、社会信用、社会保障等区域协同治理和同城化、一体化发展格局。

最后，建立成渝城市群经济一体化发展决策咨询委员会，邀请热衷、熟悉成渝城市群的国内外知名专家和学者，以及城市群内各城市政府、重点企业、研究机构、社会组织、研究机构的领导和专家，甚至部分有影响力的社区工作人员，组成成渝城市群经济一体化发展的高端智库。决策咨询委员会下设各种专业委员会，包括战略、产业发展、交通、环境保护、社会保障、地区法律、财政平衡等专业委员会，对经济一体化管理机构、常设机构的决策和执行情况提供战略咨询和监督；同时根据需要，组织研究讨论并形成建议意见，发挥非政府组织的协调和促进作用。

三、构建完善的城市群利益协调机制

在城市群经济一体化发展过程中，利益协调主要存在三个方面的需求。一是需要建立相关决策部署、组织领导等机构及其常设机构。如缺乏足额与长期的经费支持，相关机构将难于开展工作，致使管理机构不能发挥应用的功能作用。二是需要在交通基础设施建设、产业优化布局、关键技术创新研发、公共服务改善、生态环境保护等若干方面进行投入，由城市群内各主体共担成本。三是经济一体化发展取得的经济利益，包括 GDP、财税收入等的分配，在不同城市间形成共享机制，真正调动各城市的积极性，支持与选择参与城市群经济一体化。

首先，借鉴欧盟结构基金和凝聚基金等模式和经验，结合成渝城市群的实际，探索建立城市群经济一体化发展基金，其资金来源包括：中央对城市群发展给予的拨款、补贴、专项和其他转移支付资金，各城市按照每年财政收入的一定比例上缴资金，以及可以探索在环保税费、省级高速公路收费等各项税费中提取一定比例的资金，并研究与争取设立政府性基金收费。这些资金主要用于维护组织领导机构运行和涉及城市群整体的战略、规划、方案设计等，促进城市群联席会议与框架协议等确定的事项落实，加大对城市群跨区域的基础设施、公共服务、生态环境等投入，引导社会资本参与成渝城市群经济一体化发展。

其次，建立跨境项目建设成本共担机制，针对跨城市的综合交通网络、能源、水利和新一代信息等基础设施建设，提供均等化义务教育、医疗卫生、社

会保障等基本公共服务，推进生态修复与保护以及大气、水等的环境治理，建立重点项目成本分担机制。根据每个项目的具体情况，由城市群经济一体化管理机构协调各方商议确定分担比例。其基本原则是，交通基础设施按各城市境内里程，能源和水利及信息基础设施按各城市境内里程与城市用户数量，公共服务按各城市实际享用人数，生态环境保护项目按其对生态造成的破坏程度。此外，综合考虑各城市的经济发展水平、财政实力等情况，体现协调与共享理念，经济发展好和城市等级高的城市相对分担更多的建设成本。

最后，共享城市群经济一体化"红利"，加快形成利益共享机制，重点是探索建设项目税收分配办法。一是建立统一的跨区域资源开发利益分享机制，选取反映前期投入、后续投入、贡献程度等因素，计算分配跨区域资源税收，将利益分享范围拓展到资源开发、加工、运输、销售等各个环节；规范区域间利益分配，确保资源输出地合理分享资源开发带来的经济效益，促进资源输出地全面协调可持续发展。二是构建跨区域产业发展税收分享机制。根据跨区域产业不同发展模式与组织方式，分别制定不同地区、不同级次政府间合理的财税利益分配办法，支持产业链不同环节在空间上适度分离与优化布局，促进城市间优质资源相互利用、优势产业相互渗透、产业布局持续优化，培育城际产业链和城市群优势产业集群，实现城市群经济协调可持续发展。此外，还应加强 GDP 的核算分配机制研究。

四、培育非政府性跨区域社会组织

城市群经济一体化发展既不能由政府凭借行使权力单独推进，也不能完全交给市场来推动，而是政府、市场、社会组织、公众共同参与的过程。因此，要积极培育和发展各种类型的社会组织，创造多元主体推动成渝城市群一体化的条件。由于一般民众处于分散状态而不能形成组织能力，个体存在专业知识缺陷，且资源配置能力和社会影响力极低，在城市群经济一体化发展中处于弱势群体地位，因而有必要培育民间组织来代表。同时，由于企业跨区域收集信息难度较大、开展业务交流成本高，且主营业务生产经营任务重等问题，在客观上需要建立健全城市群重点行业的行业性社会组织，并不断提升社会组织服务的精细化、专业化水平。

各类社会组织要跨区域提供社会服务。同产业企业一样，社会组织具有规模效应，规模越大则边际成本呈下降趋势，因而应尽可能做大社会组织的规模。基本思路是：一是整合现有社会组织，如将城市群内所有城市的相关行业协会等整合，形成服务城市群全域乃至周边地区的新的行业管理组织；二是支持高起点、高水平的新设或培育的跨区域社会服务组织；三是加快转变政府职能，合理界定政府与社会组织的职能边界，加大向社会组织购买服务的力度，进而推动社会组织不断发展壮大。

统筹城市群经济一体化发展涉及多个方面、领域、环节和主体，应进一步深化体制机制改革，为社会组织参与预留发挥作用的舞台，杜绝将社会组织排挤在政府和市场力量之外。在成渝城市群内，真正实现以政府为代表的行政组织、以企业为代表的经济组织和以各种社会团体为代表的社会组织三者共商、共建、共赢，促进城市群经济一体化发展不断走向新阶段。

参 考 文 献

［1］Schiff，Maurice，L. Alan Winters. 区域一体化与发展［M］. 郭嘉，译. 北京：中国财政经济出版社，2004.

［2］阿瑟·奥莎利文. 城市经济学［M］. 周京奎，译. 北京：北京大学出版社，2015.

［3］安虎森，李瑞林. 区域经济一体化效应和实现途径［J］. 湖南社会科学，2007（5）：95－102.

［4］安虎森. 区域经济学通论［M］. 北京：经济科学出版社，2004.

［5］长江中游城市群发展战略研究课题组. 打造中国经济增长第四极：长江中游城市群发展战略研究［M］. 北京：中国社会科学出版社，2016.

［6］陈栋生. 经济布局与区域经济［M］. 北京：中国社会科学出版社，2013.

［7］陈建军，长三角区域经济一体化的历史进程与动力结构［J］. 学术月刊，2008（8）：79－85.

［8］陈建军. 长江三角洲地区的产业同构及产业定位［J］. 中国工业经济，2004（2）：19－26.

［9］陈建军. 长江三角洲区域经济一体化的三次浪潮［J］. 中国经济史研究，2005（3）：113－122.

［10］陈群元. 城市群协调发展研究——以泛长株潭城市群为例［D］. 吉林：东北师范大学，2009.

［11］陈秀山，张若. 国外沿海城市群发展模式的启示与借鉴［J］. 领导之友，2007（3）：49－50.

［12］陈秀山. 区域协调发展：目标·路径·评价［M］. 北京：商务印书馆，2013.

［13］陈雪明，冯苏苇．美国城市群区域协调机制［N］．中国社会科学报，2018.1.17（104）．

［14］陈耀，汪彬．大城市群协同发展障碍及实现机制研究［J］．区域经济评论，2016（2）：37－43.

［15］陈映．成渝经济区城市化发展研究［J］．贵州社会科学，2010（9）：102－106.

［16］陈甫军，丛子薇．京津冀市场一体化协同发展：现状评估及发展预测［J］．首都经济贸易大学学报（双月刊），2017（1）：34－42.

［17］重庆市经济信息中心．成渝经济区发展思路研究［M］．重庆：重庆出版社，2009.

［18］重庆市统计局．重庆统计年鉴［Z］．中国统计出版社，2001～2019.

［19］邓丽，赵达．成渝经济区发展现代产业体系的探索［J］．宏观经济管理，2012（4）：73－75.

［20］邓玲．长江上游经济带建设与推进西部大开发［J］．社会科学研究，2002（6）：40－44.

［21］邓玲．国土开发与城镇建设［M］．成都：四川大学出版社，2007.

［22］邓玲．论长江上游生态屏障及其建设体系［J］．经济学家，2002（6）：80－84.

［23］邓玲．我国生态文明发展战略及其区域实现研究［M］．北京：人民出版社，2014.

［24］杜肯堂，戴士根．区域经济管理学［M］．北京：高等教育出版社，2004.

［25］方创琳，毛其智．中国城市群选择与培育的新探索［M］．北京：科学出版社，2015.

［26］方创琳，祁巍锋，宋吉涛．中国城市群紧凑度的综合测度分析［J］．地理学报，2008（10）：1011－1021.

［27］方创琳，王振波，马海涛．中国城市群形成发育规律的理论认知与地理学贡献［J］．地理学报，2018，73（4）：651－665.

［28］方创琳．京津冀城市群协同发展的理论基础与规律性分析［J］．地理科学进展，2017（1）：15－24.

［29］方创琳．京津冀城市群一体化发展的战略选择［J］．改革，2017（5）：54－63.

［30］方创琳．科学选择与分级培育适应新常态发展的中国城市群［J］．中国科学院院刊，2015（2）：127－136.

［31］方创琳．中国新型城镇化发展报告［M］．北京：科学出版社，2014.

［32］方一平．成渝产业带产业结构的相似性及其结构转换力分析［J］．长江流域资源与环境，2000（1）：21－26.

［33］费朗索瓦·佩鲁．增长极概念［J］．经济学译丛，1988（9）：67.

［34］高汝熹，罗明义．城市圈域经济论［M］．昆明：云南大学出版社，1998.

［35］郭将，金欢．长三角区域经济一体化程度分析［J］．科技与管理，2019（3）：30－36.

［36］国家发展改革委 住房城乡建设部关于印发成渝城市群发展规划的通知［EB/OL］．（2016－05－04）．https：//www. ndrc. gov. cn/xxgk/zcfb/ghwb/201605/t20160504_962182. html？code = &state = 123.

［37］国家发展改革委关于培育发展现代化都市圈的指导意见［EB/OL］．（2019－02－21）．http：//www. gov. cn/xinwen/2019－02/21/content_5367465. htm.

［38］国家发展改革委关于印发成渝经济区区域规划的通知［EB/OL］．（2011－06－02）．https：//www. ndrc. gov. cn/xxgk/zcfb/ghwb/201106/t20110602_962116. html？code = &state = 123.

［39］国务院关于依托黄金水道推动长江经济带发展的指导意见［EB/OL］．（2014－09－25）．http：//www. gov. cn/zhengce/content/2014－09/25/content_9092. htm.

［40］哈维·阿姆斯特朗，吉姆·泰勒．区域经济学与区域政策［M］．刘乃全，等译．上海：上海人民出版社，2007.

［41］韩佳．长江三角洲区域经济一体化发展研究［D］．上海：华东师范大学，2008.

［42］何雄浪，朱旭光．成渝经济区产业结构调整与经济发展研究［J］．软科学，2010（6）：74－79.

［43］侯天琛．中原城市群空间一体化的形成机制和发展布局［D］．郑州：河南大学，2006．

［44］黄勤，刘素青．成渝城市群经济网络结构及其优化研究［J］．华东经济管理，2017（8）：70－76．

［45］黄森，蒲勇健．成渝经济区的空间经济机理研究——基于空间经济学模型［J］．财经科学，2012（2）：103－110．

［46］黄征学，肖金成，李博雅．长三角区域市场一体化发展的路径选择［J］．改革，2018（12）：83－91．

［47］黄征学．城市群：理论与实践［M］．北京：经济科学出版社，2014．

［48］纪韶，饶旻．城市群农村劳动力净迁移率与区域经济发展互为影响因素研究［J］．经济学动态，2013（6）：39－46．

［49］江曼琦．聚集效应与城市空间结构的形成与演变［J］．天津社会科学，2001（4）：69－71．

［50］蒋奕廷，蒲波．基于引力模型的成渝城市群吸引力格局研究［J］．软科学，2017（2）：98－102．

［51］金世斌．国外城市群一体化发展的实践成效与经验启示［J］．上海城市管理，2017（2）：38－43．

［52］鞠立新．由国外经验看我国城市群一体化协调机制的创建——以长三角城市群跨区域一体化协调机制建设为视角［J］．经济研究参考，2010（52）：20－28．

［53］李斌．成渝经济区协调发展战略思考［J］．宏观经济管理，2012（7）：54－55．

［54］李国平，陈红霞．协调发展与区域治理：京津冀地区的实践［M］．北京：北京大学出版社，2012．

［55］李后强，韩毅．成渝经济区建设的"椭圆理论"［J］．西南石油大学学报（社会科学版），2009（5）：68－72．

［56］李后强，石明，李海龙．成渝地区双城经济圈城市发展方程探析——基于协同论视角［J］．中国西部，2020（4）：17－27．

［57］李剑波，涂建军．成渝城市群新型城镇化发展协调度时序特征［J］．

现代城市研究, 2018 (9): 47 - 55.

[58] 李琳, 彭宇光. 中三角城市群与长三角城市群市场一体化及影响因素比较研究 [J]. 科技进步与对策, 2017 (1): 25 - 30.

[59] 李琳. 长江中游城市群一体化模式选择与机制研究 [M]. 北京: 社会科学文献出版社, 2019.

[60] 李霞, 王明杰. 新经济地理视角下的区域合作研究——以成渝经济区为例 [J]. 宏观经济研究, 2013 (4): 93 - 99.

[61] 李小建. 经济地理学 [M]. 北京: 高等教育出版社, 2002.

[62] 李雪松, 齐晓旭. 长江中游城市群差异化协同发展的演化与分析 [J]. 工业技术经济, 2019 (12): 75 - 83.

[63] 李雪松, 孙博文. 长江中游城市群区域一体化的测度与比较 [J]. 长江流域资源与环境, 2013, 22 (8): 996 - 1003.

[64] 李忆春, 黄炳康. 成渝地区城镇体系结构研究 [J]. 经济地理, 1999 (2): 55 - 59.

[65] 李月起. 新时代成渝城市群协调发展策略研究 [J]. 西部论坛, 2018 (3): 94 - 99.

[66] 林德特. 国际经济学 [M]. 范国鹰, 等译. 北京: 经济科学出版社, 1992: 454 - 463.

[67] 林凌, 刘世庆. 成渝经济区发展战略思考 [J]. 西南金融, 2006 (1): 6 - 9.

[68] 林凌, 全域全面推进成渝经济区建设 [J]. 经济体制改革, 2012 (1): 12 - 14.

[69] 林凌. 共建繁荣: 成渝经济区发展思路研究报告 [M]. 北京: 经济科学出版社, 2005.

[70] 林凌. 重塑四川经济地理 [M]. 北京: 社会科学文献出版社, 2013.

[71] 林森. 城市群一体化发展研究 [M]. 大连: 东北财经大学出版社, 2012.

[72] 林细细, 张海峰, 张铭洪. 城市经济圈对区域经济增长的影响——基于中心—外围理论的研究 [J]. 世界经济文汇, 2018 (4): 66 - 83.

[73] 刘秉镰, 孙哲. 京津冀区域协同的路径与雄安新区改革 [J]. 南开学报 (哲学社会科学版), 2017 (4): 12 - 21.

[74] 刘波, 邓玲. 双循环新格局下成渝贵城市群协同发展影响因素与实现路径研究 [J]. 贵州社会科学, 2021 (5): 135-143.

[75] 刘波, 黄勤, 杨理珍. 高质量发展背景下长江经济带 "人—水—地" 系统耦合协调效应评价 [J]. 软科学, 2021, 35 (5): 27-34.

[76] 刘朝明, 董晖, 韩斌. 西部增长极与成渝经济区战略目标定位研究 [J]. 经济学家, 2006 (2): 104-108.

[77] 刘朝明, 岳书敬, 韩斌. 成渝地区工业结构的比较与协调研究 [J]. 上海经济研究, 2007 (3): 52-57.

[78] 刘鹤, 刘洋, 许旭. 基于环境效率评价的成渝经济区产业结构与布局优化 [J]. 长江流域资源与环境, 2012 (9): 1058-1066.

[79] 刘鹤. 加快构建以国内大循环为主体、国际国内双循环相互促进的新发展格局 [N]. 人民日报, 2020. 11. 25 (16).

[80] 刘乃全. 区域经济理论的新发展 [J]. 外国经济与管理, 2000 (9): 17-21.

[81] 刘士林, 刘新静. 中国城市群发展报告 (2016) [M]. 上海: 中国出版集团东方出版中心, 2016.

[82] 刘士林. 改革开放以来中国城市群的发展历程与未来愿景 [J]. 甘肃社会科学, 2018 (5): 1-9.

[83] 刘世庆, 林睿. 成渝经济区城市化进程的现状与愿景: 自经济地理观察 [J]. 改革, 2013 (10): 77-86.

[84] 刘世庆. 成渝经济区建设研究——川渝毗邻地区的发展差距与合作策略 [J]. 经济体制改革, 2008 (1): 137-141.

[85] 刘耀彬, 喻群, 李汝资. 长江中游城市群一体化演进格局及其竞争份额潜力研究 [J]. 企业经济, 2017 (6): 111-119.

[86] 刘志彪, 吴福象. 中国长三角区域发展报告 2013~2014 [M]. 北京: 中国人民大学出版社, 2015.

[87] 陆大道. 京津冀城市群功能定位及协同发展 [J]. 地理科学进展, 2015, 34 (3): 265-270.

[88] 陆大道. 我国区域发展的战略、态势及京津冀协调发展分析 [J]. 北京社会科学, 2008 (6): 5-7.

［89］陆大道．我国区域开发的宏观战略［J］．地理学报，1987（2）：97 - 105.

［90］陆铭．空间的力量：地理、政治与城市发展［M］．上海：格致出版社，2013.

［91］罗布森．国际一体化经济学［M］．戴炳然，等译．上海：上海译文出版社，2001：54 - 55.

［92］罗若愚，赵洁．成渝地区产业结构趋同探析与政策选择［J］．地域研究与开发，2013（5）：41 - 45.

［93］马克思．资本论［M］．北京：人民出版社，1975.

［94］毛汉英．京津冀协同发展的机制创新与区域政策研究［J］．地理科学进展，2017（1）：2 - 14.

［95］孟祥林．西南地区成渝城市群发展研究——关于构建"双核 + 三带"模式的成渝城市群发展的思考［J］．西部经济管理论坛，2015（2）：5 - 10.

［96］米尔斯．区域与城市经济学手册．第 2 卷［M］．郝寿义，等译．北京：经济科学出版社，2003.

［97］潘碧麟，王江浩，葛咏，等．基于微博签到数据的成渝城市群空间结构及其城际人口流动研究［J］．地球信息科学学报，2019（1）：68 - 76.

［98］庞晶．城市群形成与发展机制研究［M］．北京：中国财政经济出版社，2009.

［99］彭颖，陆玉麒．成渝经济区经济发展差异的时空演变分析［J］．经济地理，2010（6）：912 - 917.

［100］蒲丽娟．武汉城市圈经济一体化研究［D］．成都：西南财经大学，2013.

［101］齐子翔．府际关系背景的利益协调与均衡：观察京津冀［J］．改革，2014（2）：79 - 89.

［102］钱霞，刘峥，李小平．成渝经济区现代产业体系构建［J］．天府新论，2012（6）：58 - 61.

［103］秦尊文．第四增长极：崛起的长江中游城市群［M］．北京：社会科学文献出版社，2012.

［104］秦尊文．加快推进长江中游城市群一体化发展［J］．政策，2015，

（11）：55 – 56.

［105］史宇宏. 城市群空间功能分工与协同发展研究［D］. 大连：东北财经大学，2019.

［106］四川省统计局. 四川统计年鉴［Z］. 中国统计出版社，2001 ~ 2019.

［107］宋家泰. 城市 – 区域与城市区域调查研究—城市发展的区域经济基础调查研究［J］. 地理学报，1980（4）：277 – 287.

［108］宋迎昌，倪艳亭. 我国城市群一体化发展测度研究［J］. 杭州师范大学学报（社会科学版），2015（5）：161 – 121.

［109］苏雪串. 城市化进程中的要素集聚、产业集群和城市群发展［J］. 中央财经大学学报，2004（1）：49 – 52.

［110］孙丹，欧向军，朱斌城，杜霖. 中国主要城市群经济增长动力分析及其问题区域识别［J］. 地理与地理信息科学，2018（1）：71 – 77.

［111］孙继琼，徐鹏. 成渝经济区城市化特征及影响因素分析［J］. 经济纵横，2010（1）：58 – 61.

［112］孙久文，邓慧慧，叶振宇. 京津冀区域经济一体化及其合作途径探讨［J］. 首都经济贸易大学学报，2008（2）：55 – 60.

［113］孙久文，丁鸿君. 京津冀区域经济一体化进程研究［J］. 经济与管理研究，2012（7）：52 – 58.

［114］孙久文. 论新时代区域协调发展战略的发展与创新［J］. 国家行政学院学报 2018（4）：109 – 114.

［115］孙久文. 区域经济一体化：理论、意义与"十三五"时期发展思路［J］. 区域经济评论，2015（6）：8 – 10.

［116］孙久文. 中国区域经济发展报告—新常态下的中国区域经济与经济带发展的理论与实践［M］. 北京：中国人民大学出版社，2015.

［117］锁利铭，位韦，廖臻. 区域协调发展战略下成渝城市群跨域合作的政策、机制与路径［J］. 电子科技大学学报（社会科学版），2018（5）：90 – 96.

［118］谈佳洁，刘士林. 长江经济带三大城市群经济产业比较研究［J］. 山东大学学报（哲学社会科学版），2018（1）：138 – 146.

［119］覃成林，周姣．城市群协调发展：内涵、概念模型与实现机制［J］．城市发展研究，2010（12）：7－12．

［120］唐良智．重庆市人民政府2020年政府工作报告［N］．重庆日报，2020.1.19（1）．

［121］汪后继，汪伟全，胡伟．长三角区域经济一体化的演进规律研究［J］．浙江大学学报：人文社会科学版，2011（6）：104－122．

［122］王安平．产业一体化的内涵与途径——以南昌九江地区工业一体化为实证［J］．经济地理，2014（9）：93－98．

［123］王国刚．关于城镇化发展的几个理论问题［J］．经济学动态，2014（3）：60－64．

［124］王浩，李新春，沈正平．城市群协同发展影响因素与动力机制研究——以淮海城市群为例［J］．南京社会科学，2017（5）：17－25．

［125］王建廷，黄莉．京津冀协同发展的动力与动力机制［J］．城市发展研究，2015，22（5）：18－23．

［126］王能洲，沈玉芳，张婧，马仁锋．成渝经济区区域经济差异的计量测评及成因分析［J］．经济论坛，2009（24）：62－64．

［127］王如渊．成渝经济区发展研究：基于城市与产业的视角［M］．北京：商务印书馆，2015．

［128］王圣军．大都市圈发展的经济整合机制研究［D］．成都：西南财经大学，2008．

［129］王树功，周永章．大城市群（圈）资源环境一体化与区域可持续发展研究——以珠江三角洲城市群为例［J］．中国人口资源与环境，2002（3）：52－57．

［130］王宇华．产业一体化与武汉城市圈［N］．长江日报，2007.1.13

［131］王振坡，朱丹，王丽艳．成渝城市群城市规模分布及演进特征研究［J］．西北人口，2018（1）：8－14．

［132］魏洪斌，吴克宁．长江经济带成渝城市群城镇化协调发展研究［J］．中国发展，2015（1）：30－36．

［133］魏后凯，白玫．当前经济区域学重大理论前沿问题［J］．中国社会科学院院报，2005－12－27．

[134] 魏后凯. 大都市区新型产业分工与冲突管理：基于产业链分工的视角 [J]. 中国工业经济, 2007 (2)：28 - 34.

[135] 魏后凯. 区域开发理论研究 [J]. 地域研究与开发, 1988 (1)：16 - 19.

[136] 魏后凯. 现代区域经济学（修订版）[M]. 北京：经济管理出版社, 2011.

[137] 魏良益, 李后强. 从博弈论谈成渝地区双城经济圈 [J]. 经济体制改革, 2020 (4)：19 - 26.

[138] 吴江, 毕正操, 祝云. 成渝经济区产业结构与就业结构的实证分析 [J]. 社会科学研究, 2007 (4)：36 - 40.

[139] 习近平：决胜全面建成小康社会 夺取新时代中国特色社会主义伟大胜利——在中国共产党第十九次全国代表大会上的报告 [EB/OL]. (2017 - 10 - 27). http：//www. gov. cn/zhuanti/2017 - 10/27/content_ 5234876. htm.

[140] 肖金成, 刘保奎. 首都经济圈规划与京津冀经济一体化 [J]. 全球化, 2013 (3)：72 - 81.

[141] 肖金成. 长江上游经济区一体化发展 [M]. 北京：经济科学出版社, 2015.

[142] 肖金成. 长江上游经济区与成渝经济区的耦合与互动 [J]. 西部论坛, 2013 (1)：80 - 83.

[143] 肖金成. 京津冀区域合作论 [M]. 北京：经济科学出版社, 2010.

[144] 肖磊, 潘永刚. 成渝城市群空间演化研究——基于 2000 - 2015 年截面分析 [J]. 城市发展研究, 2019 (2)：7 - 15.

[145] 谢文蕙, 邓卫. 城市经济学 [M]. 北京：清华大学出版社, 1996.

[146] 徐长乐, 吴梦. 基于修正引力模型的成渝城市群空间联系分析 [J]. 管理现代化, 2018 (3)：85 - 87.

[147] 徐承红, 刘攀. 成渝经济区区域协调发展之路 [J]. 电子科技大学学报（社科版）, 2007 (5)：14 - 17.

[148] 徐现祥, 李郇, 王美. 区域一体化、经济增长与政治晋升 [J]. 经济学（季刊）, 2007 (4)：1075 - 1096.

[149] 许学强, 周一星, 宁越敏. 城市地理学 [M]. 北京：高等教育出

版社，2009.

　　［150］薛东前，姚士谋．城市群形成演化的背景条件分析——以关中城市群为例［J］．地域研究与开发，2000（4）：50-53.

　　［151］亚当·斯密．国富论［M］．谢祖钧，译．北京：新世界出版社，2007.

　　［152］杨丽，孙之淳．基于熵值法的西部新型城镇化发展水平测评［J］．经济问题，2015（3）：115-119.

　　［153］杨林，陈喜强．协调发展视角下区域市场一体化的经济增长效应——基于珠三角地区的考察［J］．经济问题探索，2017（11）：59-66.

　　［154］杨晓波，孙继琼．成渝经济区次级中心双城一体化构建——基于共生理论的视角［J］．财经科学，2014（4）：91-99.

　　［155］杨振山，程哲，蔡建明．从国外经验看我国城市群一体化组织与管理［J］．区域经济评论，2015（4）：143-149.

　　［156］姚华松，陈芳．从珠三角城镇群发展实践看区域经济一体化［J］．特区经济，2010（6）18-19.

　　［157］姚士谋，陈振光，叶高斌，陈维肖．中国城市群基本概念的再认知［J］．现代城市，2015（2）：1-6.

　　［158］姚士谋，陈振光，朱英明，等．中国城市群［M］．合肥：中国科技大学出版社，2006.

　　［159］姚士谋，潘佩佩，程绍铂．世界六大城市群地位与作用的比较研究［J］．环球人文地理，2011（12）：25-27.

　　［160］姚士谋，武清华，薛凤旋，陈景芹．我国城市群重大发展战略问题探索［J］．人文地理，2011（1）：1-4.

　　［161］姚士谋，周春山，张童，金万富，史晨怡．21世纪我国城市群发展的新特征、新理念［J］．城市观察，2017（2）：26-31.

　　［162］姚作林，涂建军，牛慧敏，哈琳，李剑波．成渝经济区城市群空间结构要素特征分析［J］．经济地理，2017（1）：82-89.

　　［163］叶玉瑶，张虹鸥．珠江三角洲城市群空间集聚与扩散［J］．经济地理，2007（5）：773-776.

　　［164］尹力．2020年四川省政府工作报告［N］．四川日报，2020.5.5（1）.

［165］俞惠煜，廖明，唐亚林．长三角经济社会协同发展与区域治理体系优化［M］．上海：复旦大学出版社，2014.

［166］郁鸿胜．崛起之路：城市群发展与制度创新［M］．长沙：湖南人民出版社，2005.

［167］袁安贵．成渝城市群经济空间发展研究［D］．成都：西南财经大学，2008.

［168］张海霞．成渝经济区城乡产业发展的瓶颈与对策［J］．宏观经济管理，2012（11）：61-62.

［169］张军．"珠三角"区域经济一体化发展研究［M］．北京：经济科学出版社，2014.

［170］张学良．中国区域经济转变与城市群经济发展［J］．学术月刊，2013（7）：107-112.

［171］赵奇伟，熊性美．中国三大市场分割程度的比较分析：时间走势与区域差异［J］．世界经济，2009（6）：41-53.

［172］赵勇，白永秀．区域一体化视角的城市群内涵及其形成机理［J］．重庆社会科学，2008（9）：34-38.

［173］郑治伟，孟卫东．成渝经济区次级中心城市选择研究［J］．华东经济管理，2010（7）：39-43.

［174］中共中央 国务院印发《成渝地区双城经济圈建设规划纲要》［EB/OL］（2021-10-21）．http：//www. gov. cn/zhengce/2021-10/21/content_5643875. htm.

［175］中央财经委员会第六次会议强调 抓好黄河流域生态保护和高质量发展大力推动成渝地区双城经济圈建设［N］．人民日报，2020.1.4（1）.

［176］钟海燕，冷玉婷．基于知识图谱的成渝地区双城经济圈研究综述［J］．重庆大学学报（社会科学版），2020，26（4）：13-26.

［177］钟海燕．成渝城市群研究［M］．北京：中国财政经济出版社，2007.

［178］周一星．中国的城市体系和区域倾斜战略探讨［M］．哈尔滨：黑龙江人民出版社，1991.

［179］朱英明．长三角城市群产业一体化发展研究——城际战略产业链的视角［J］．产业经济研究（双月刊），2007（6）：48-57.

［180］祝尔娟，邬晓霞．推进京津冀区域经济一体化——2011 首都圈发展高层论坛综述［J］．经济学动态，2012（2）：156－159．

［181］邹璇．区内双核互动产业统筹发展研究——以成渝经济区为例［J］．求索，2014（10）：32－37．

［182］Arthur O'sullivan．Urban Economics，Fourth Edition［M］．McGraw-Hill Higher Education，2000．

［183］Bela Balassa．The Theory of Economic Integration［M］．London：Routledge，1962．

［184］Chelstowski．"CMEA and Integration"，Polish Perspectives，Vol XV，December 1972．

［185］Francois Perroux．Economic Spaces：Theory and Application［J］．Quarterly Journal of Economics，1950，11（5）：89－104．

［186］Gottmann J，Robert A．Harper．Since Megalopolis［M］．Baltimore：The Johns Hopkins University Press，1990．

［187］Gottmann J．Megalopolis：the Urbanization of the Northeastern Seaboard of the United States［M］．Cambridge，MA：MIT Press，1961．

［188］Hirschman A．Strategr of Economic Development［M］．Yale University Press，1958．

［189］Kojima R．"Introduction：Population Migration and Urbanization in Devloping Countries"，The Developing Economies，XXXIV－4（December 1996）．

［190］Krugrman P．Urban Concentration：The Role of Increasing Returns and Transport Costs［J］．International Regional Science Review，1996，19（1－12）：5－30．

［191］Liu Bo，Du Juan．Empirical analysis of the spatial relationship between urban agglomeration economic network and economic growth based on big data［J］．Journal of Physics Conference Series，2021，1800（1）：012008．

［192］Liu Bo，Yan Li．Computer Intelligent Evaluation Model of Chengdu-Chongqing Level Measurement through Big Data Technology and Mathematical Statistics［J］．IEEE International Conference on Data Science and Computer Application，2021（10）：630－636．

[193] Masahisa Fujita, Paul Krugman, Tomoya Mori. On the Evolution of Hierarchical Urban Systems [J]. European Economic Review, 199 (43): 209 – 251.

[194] Myrdal, Gunnar. Economic Theory and Underdeveloped Regions [M]. Duckworth Methuen, 1957.

[195] Noss R F. Corridors in Real Landscape: A Reply to Simber-loff and Cox [J]. Conservation Biology, 1987 (1): 159 – 164.

[196] Parsley D C. and Shang-jin Wei. Convergence to the Law of One Price Without Trade Barriers or Currency Fluctuations [J]. Journal of Economics, 1996 (11): 1211 – 1236.

[197] Paul Streeten. Unbalanced Growth [J]. Oxford Economic Papers, 1959 (6): 167 – 190.

[198] Robert Triffin. Economic Integration: Institutions, Theories, and Policies [J]. World Politics, 1954, 6 (4).

[199] Scitovsky T. Economic theory and Western European integration [M]. Stanford: Stanford University Press, 1958.

[200] Timbergen J. International Economic Integration [M]. Amsterdam: Elsevier, 1965.

[201] TinBergen J. Over de theorie der economische politiek [J]. De Economist, 1954, 102 (1).

[202] Ullman E L. American Commodity Flow [M]. Seattle: University of Washington Press, 1957.

[203] World Bank. World Development Report 2009: Reshaping Economic Geography [R]. Washington DC: 2009.

后　记

独特的四川盆地孕育着繁荣富庶、不知饥馑的天府之国，谱写了巴蜀相通、千年与共的悠久历史，占据了各个时代发展大局中的重要一席。惊叹于巴蜀大地先辈们创造的辉煌，庆幸于自己生长于此，奋斗于斯。当然，关注和推动成渝城市群永续高质量发展乃我辈之历史责任、共有使命。

自2002年进入四川大学，先后在国民经济管理学、区域经济学、政治经济学专业学习，在望江楼畔度过了人生最富活力的美好的十五载。与此同时，成渝地区发生着前所未有的历史跨越，从政界、学界探索共谋成渝合作发展道路到上升为国家区域发展战略，从成渝经济区区域发展迈向成渝城市群一体化发展，成为我国五大城市群之一。因时顺势，本人从2015年开始学习和持续关注成渝地区经济发展问题，并于2017年以成渝城市群经济一体化发展为题目完成了博士论文。随着不断学习城市群最新研究成果，以及不再有因赶论文的压力而产生的浮躁情绪，对成渝城市群丰富的经济发展实践逐渐有了新的认识和理解，遂再次以成渝城市群经济一体化发展为题目，摆脱国家规划部署对研究思路的束缚，从区域经济发展客观规律的视角，将对成渝城市群的深厚情感和浅薄认知表达出来。

本书成稿倾注了许多人的关注和心血。首先，我要把此书献给我的博士研究生导师邓玲教授。师从邓玲教授乃人生大幸。恩师在区域经济学、人口资源与环境经济学等领域勤勉耕耘数十载，她的家国情怀、学术理想、奋斗精神，以及对我的孜孜不倦教诲，全面、深刻、长久、潜移默化地影响着我。师恩如海，难以言表；先生之教，终身受益；仰之弥高，钻之弥坚。正是恩师"为地方经济社会发展做一点切实贡献"的教导，为我指引了前行的方向，努力把论文写在巴蜀大地上；是恩师亲笔为我写下"锲而不舍"的鼓励，激励着我勇往直前，持续观察与思考成渝城市群经济发展问题；也是恩师的"三乐主义"情怀，教会我拥抱美好生活，注重同步增进获得感幸福感。恩师不仅博我以文，而且约我以礼，教导处世哲学，塑造正确、成熟的世界观、人生观、价值观。吾将谨记恩师教诲，努力将所学转化为所用，积极为治蜀兴川事业、成渝城市群高质量发展贡献力量。

在此还要衷心感谢我的硕士生导师黄勤教授。认识黄老师是在2002年秋天的政治经济学课堂。近20年来，黄老师从未停止过引导我学习、关心我成长、给予我帮助。时至今日，仍记得老师带着我做攀西地区"十一五"规划前期研究子课题时的情景，更不曾忘记遇到问题时总会先请教老师的点点滴滴。老师深邃的学术思想、严谨的治学态度、高尚的道德情操、优雅的个人气质，传递着无限正能量。与恩师亦师亦友，每每交流学术与生活，都有颇多收获，受益无穷。

同时，我要感恩我的家人。深深感谢我的妻子独娟博士，选择陪伴着我一起看人生风景，一直为我的梦想加油助威。感谢她在书稿写作过程中提出的宝贵意见和提供的辅助工作。感谢我的儿子刘独卓。小家伙选择在我开始研究成渝城市群时到来，用他的纯真可爱带给我无尽快乐，让我拥有无穷动力和信心。

此外，感谢四川省财政厅和四川省财政科学研究所为我提供潜心研究的平台和空间，正是各位领导和同事的帮助，让我能完成书稿。

　　在本书写作过程中，还得到了众师兄、师姐以及学弟、学妹的关心、支持和帮助。特别感谢邓丽、刘登娟、陈庆凯、陈瑶、杨理珍等同学，与他们相识并成同门也是我人生的幸事，这份情谊让我倍加珍惜。此外，还要特别感谢经济科学出版社各位老师的指导与付出，让书稿能顺利出版。

　　在写作过程中，还参阅了国内外学者的诸多研究成果，在此要诚挚感谢学者们为我的研究铺下的坚实基础，以及对我的启迪。本书在列举观点、引证文献中不免有疏漏之处，在此表示深深的歉意，恳请谅解与批评指正。

　　成稿之际，中共中央、国务院印发了《成渝地区双城经济圈建设规划纲要》，明确要求成渝地区双城经济圈建设要"牢固树立一体化发展理念"，提出"到 2025 年成渝地区双城经济圈一体化发展水平明显提高"奋斗目标，部署多个方面一体化发展的重要任务，让我备受鼓舞、精神振奋。这既肯定了研究成渝城市群经济一体化发展的时代价值，又为进一步深化成渝城市群经济一体化发展研究提供了新起点和新方向。

刘　波

2021 年 11 月于成都